其实你可以过得更好

带给亿万人幸福生活的智慧书

〔美〕史蒂文·K. 斯科特 著
赵晓燕 译

廣東省出版集團
广东经济出版社

图书在版编目（CIP）数据

其实你可以过得更好 /（美）斯科特 著；赵晓燕 译 . -- 广州：
广东经济出版社，2011.7
ISBN 978-7-80728-997-5

I. 其… II. ①斯…②赵… III. ①人生哲学－通俗读物 IV . ① B821-49

中国版本图书馆 CIP 数据核字（2008）第 157866 号

版权登记号 图字：19-2008-040 号

The Richest Man Who Ever Lived: King Solomon's Secrets to Success, Wealth, and Happiness by Steven K.Scott
This translation published by arrangement with Currency/ Doubleday, a division of Random House, Inc. through Bardon Chinese Media Agency

出版发行	广东经济出版社（广州市环市东路水荫路 11 号 11 楼）
经销	广东新华发行集团
印刷	深圳市希望印务有限公司
开本	787 毫米 ×1092 毫米 1/16
印张	14.5 印张
字数	174 千字
版次	2011 年 7 月第 1 版
印次	2011 年 7 月第 1 次
书号	ISBN 978-7-80728-997-5
定价	28.00 元

如发现印装质量问题，影响阅读，请与承印厂联系调换。
发行部地址：广州市水荫路11号11楼
电话：(020)83780718 83790316 邮政编码：510075
邮购地址：广州市水荫路11号11楼直销部
电话：(020)37601950 37601509 邮编：510075
图书网站：http://www.gebook.com

广东经济出版社常年法律顾问：屠朝锋律师、刘红丽律师

刘彦斌

CCTV《理财教室》主讲理财专家

幸福人生在于你的选择

这本书是作者叙述自己在所罗门王《箴言集》的指导下，一步步实现富足人生的成功励志书，书中所罗门王的智慧俯拾皆是。《箴言集》是3000年前的所罗门王为青年人撰写的一本流芳千古的智慧之书，全书不过寥寥百句，却对后世人有着深刻的影响。

本书的作者史蒂文·K. 斯科特正是由于领悟到了所罗门的智慧，从而创造了自己的幸福生活。现在，他将这种传统的智慧拓展到生活的方方面面，并总结为简单可行的行动步骤。作者在每一章的结尾都做了一个小结，你可以借此对照自己在哪些方面做得还不够，需要“静坐常思己过”。作者也会给出具体实用的建议。我相信，无论你是在校学生、公司的员工、小企业主，还是管理着庞大公司的CEO，都能从中有所收获。

阅读本书时，大可不必一口气读完，你只需每次读一章，然后默想每篇结尾处提出的问题，这样才能获得最大的益处。这本书的每一章都讲了一个很简单，但却非常深刻的命题，例如，勤奋、诚实、仁慈等中西方共有的价值观，然而，在现今的世界，这些普世的真理似乎已经被人抛诸脑后了，每个人都在急匆匆地寻找通往成功、幸福的捷径，却不曾细想，如果自己不从心灵和行为上做出任何改变，只是口头上“追求幸福”，幸福又怎会眷顾你呢？

这是个容易让人迷失自我的世界，这本书却能带你回到真实的世界。如果你渴望了解幸福的真谛，就请翻开这本书，开始这趟追寻幸福的旅程吧！

追求梦想的人生才是真正有意义的人生。在这本《其实你可以过得更好》中，史蒂文·K.斯科特将会告诉你怎样才能梦想成真！

——肯·布兰佳（Ken Blanchard）

世界管理学大师、《知道做到》《谁谋杀了变革先生》合著者

在其新著《其实你可以过得更好》中，史蒂文·K.斯科特完美地将经验、实例与激励融合到了一起。光是他对批判的洞察力就值得一读。

——史蒂芬·R.柯维（Stephen R. Covey）

《高效能人士的七个习惯》作者

史蒂文·K.斯科特的《其实你可以过得更好》的确写得相当精彩，这一点从题目中就看得出来。该书之所以具有很强的指导意义，最主要的原因在于，书中提出的所有方法及策略无一不是基于现实企业的实际经营情况。可以断言，这本书的流行绝不会是昙花一现。

——拉里·金（Larry King）

美国CNN前脱口秀节目主持人

史蒂文·K. 斯科特是一位目光独到、观点鲜明的作者。他的方法非常具体、实用，每位读者，无论是大学生、小企业业主，还是世界五百强的CEO，都能从中有所收获。

——唐纳德·特朗普（Donald Trump）

美国地产界巨子

《其实你可以过得更好》——令人震撼的杰作！所罗门王创造了通向成功、财富与幸福的钥匙，而史蒂文·K. 斯科特将它真正放到了每位读者的手上，并且悉心地教导我们应该如何使用这把钥匙。无论是世界500强的CEO，还是处在创业初期的小业主，都能从斯科特先生独具创造性的理念和方法中实现原本不敢想象的巨大成功。这样看来，"好人变成有钱人"的确一点也不稀奇。

——大卫·尼尔曼（David Neelman）

捷蓝航空公司创始人兼CEO

史蒂文·K. 斯科特的著作简单明了，但内涵却异常丰富而深刻。他巧妙地将从传统智慧中汲取的营养运用到生活当中，并取得了令人难以置信的巨大成功。在《其实你可以过得更好》中，斯科特将所罗门王的传统智慧拓展到了生活、工作中的方方面面，相信每位读者都能从中有所收获。

——海瑞姆·W. 史密斯（Hyrum W. Smith）

著名咨询公司富兰克林柯维创始人之一

"生活中的任何问题都必然有解决的办法"，这句来自《箴言集》的谚语给了史蒂文·K. 斯科特无限启示，也是他大多数理念的根源所在。最开始，我对这句话是持怀疑态度的。但读过史蒂文的

《其实你可以过得更好》之后，我就对此深信不疑了。

——休·道斯（Hugh Downs）

美国著名新闻节目主持人

30年来，史蒂文·K.斯科特凭借其著作《其实你可以过得更好》行走于世。在《其实你可以过得更好》中，读者将跟从斯科特，共同领悟真正的财富与幸福之道。

——加里·D.查普曼博士（Gary D. Chapman）

《爱的五种语言》作者

史蒂文·K.斯科特了解上帝，也了解商业。他的著作《其实你可以过得更好》以所罗门王的成功秘诀为基础，理念新颖独到，能够有效净化读者的心灵，帮助读者实现从思想到行动的大跨越。《其实你可以过得更好》是我读过的最好的一本书，绝对精彩，不容错过。

——杰瑞·范韦尔博士（Jerry Falwell）

自由大学创始人、名誉校长

不折不扣的经典之作！史蒂文·K.斯科特可以说是传统智慧的颠覆者。他吸取了传统智慧的精华，并将其总结为简单明了且实际有效的行动步骤，能够帮助读者解决在生活和工作中遇到的各种问题，最终实现真正的成功。

——查克·诺里斯（Chuck Norris）

空手道世界冠军、美国电影演员

专家推荐

加里·斯莫利博士

美国著名人际关系博士和婚姻辅导专家

“斯莫利人际关系研究中心”创办人和董事会主席

从地狱到天堂

时间追溯到1974年，一天，我到史蒂文·K.斯科特家里做客。那时，他还住在亚利桑那州菲尼克斯市的一栋小房子里。他的事业正处于困境，我看他似乎有点泄气。斯科特告诉我，他刚刚丢了工作，4年来的第6份工作。无论他怎么努力，每个工作似乎都干不了几个月。他甚至还试过自己创业，然而也很快就失败了。他很苦恼，问我有没有什么办法可以改变这种状况。我告诉他，我需要用一个晚上的时间先想想，第二天早上再跟他继续谈。就寝前我为斯科特向上帝祷告，突然有一个主意闯进了我的脑海里。第二天早上在餐桌上，我跟他打了一个赌。我问斯科特：“你是不是觉得你以前所有的老板都比你聪明？”

他回答：“对啊，那是当然。”语气有点自嘲。

我却对他说：“不对。我可以向你保证，有一件事，如果你能坚持做下去，2年之内你肯定会比你未来所有的老板都聪明。而且我还要跟你打赌，5年之内你肯定能成为百万富翁。”

他刚开始还以为我疯了。过了一会，他问我究竟是什么事情。我告诉他：“一个月有31天，而圣经《箴言集》正好有31个章节。你需要做的是，每天在做别的事情之前，阅读与当天日期相同的章节。有的月份只有 30 天，那就在 30 日那天连续阅读两个章节。日复一日，月复一月，循环往复 2 年，我保证你会变得比你所有的老板都聪明。循环往复 5 年，我打赌你会成为百万富翁。”同时我告诉他，阅读的时候要准备好纸笔，那样，当他对哪条箴言有所感悟的时候就可以及时记录下来了。我坚信，他肯定能从《箴言集》里学到为人处世的智慧，从而改变他的生活。但出乎我的意料的是，他竟会利用新学到的智慧反过来改变我的生活。

那天斯科特接受了我的挑战，他开始每天阅读一章箴言。在不到 2 年的时间里，他遵循所罗门的建议，首先找到了一个生意上的伙伴，一起创办了一家营销公司。刚开业几个月，他们公司每星期的赢利额就高达几百万美元。斯科特确实在很短的时间内成为了百万富翁，不过他的事业并没有止步于此。

与合伙人的公司创办 2 年后，他打来电话问我，是否可以写几本关于婚姻关系的书。虽然我从来没有写过书，但是 10 年来我一直期望有机会动笔写写婚姻问题，可惜未能如愿，斯科特一下子就给了我两个机会。他要我写一本给男人的书，一本给女人的书。我们为了这个计划通力合作，只用了短得不可思议的时间（2 个月）就写完了这两本书。斯科特亲自创作了一个电视广告，为我的书做宣传，并邀请了帕特（Pat）和雪莉·布恩（Shirley Boone）来出演。结果《只要他知道》（*If Only He Knew*）和《更好还是最好》（*For Better or for Best*）这两本书在全世界都很畅销，它们改变了许多家庭的命运。不过，事情并没有就此结束。几年之后，斯科特问我是否愿意开展一个电视系列讲座，为更多的人提供帮助。于是，我们又一起制作了《良好人际关系的潜规则》（*Hidden Keys to Loving Relationships*）。斯科特接着又创作了一部电视商业片，并且邀请约翰·泰什（John Tesh）和康尼·塞莱卡（Connie Sellecca）演出，把我们的电视系列讲座推广到上万家庭和上万的教堂图书室。可以毫不夸张地讲，没有最开始两本书的出版和《良好人际关系的潜规则》系列讲座的制作，我所创办的斯莫利人际关系研究中心也绝不可能存在。

斯科特不仅帮助我实现了梦想，还是我30多年来最好的朋友。从《箴言集》里获得的智慧改变了他自己的生活，改变了我的生活。不仅如此，由于我们俩的努力，我们也改变了成千上万大众的生活。当我第一次听到他的《其实你可以过得更好》CD教程时，我感到相当震撼。我一口气订购了40套，并给家人和雇员人手一套。2年前，斯科特和我就讨论过把对《箴言集》的感悟整理出版的可能性。一想到世人即将熟悉所罗门无与伦比的智慧和极具实用价值的感悟、建议和警示，我就万分激动。您在阅读本书的过程中，会发现斯科特传达了所罗门教导的精华，他的描写实用而简练，具有改变人生的力量。我相信这些都会给您的人生带来不可思议的变化。《箴言集》中蕴涵的智慧彻底改变了他自己的生活，也彻底改变了我的生活，我希望，斯科特能继续写下去，继续发掘《箴言集》中更多的智慧，与更多的人分享它们。

献辞

The Richest Man Who Ever Lived

谨以此书献给我的妻子，香农·洛里·斯科特，
你正是《箴言集》第31章所描述的那样一位贤德的妇人；
鲍勃·马什、加里·斯莫利和吉姆·肖内西，
你们充满智慧的人生，正是所罗门《箴言集》的最好体现，
日复一日，年复一年带给我无穷的震撼。

我的孩子们，卡罗尔、马克、扎克、德温、
莱恩、肖恩和哈利·罗斯；
我的孙子们，玛德琳、朱莉娅和格雷斯。
愿《箴言集》的智慧为你们指出明确的人生目标，
一生充满快乐和满足。

我亲爱的姐姐，桑迪；她睿智的丈夫，
大卫·海因策博士；
我无与伦比的外甥们，贝瑟尼、蒂姆、
内森和克里斯蒂安。

我最好的两位朋友，汤姆和马琳·德尔诺斯，
你们的友谊是值得我一生珍惜的礼物。

目 录
Contents

第13章 让傲慢远离你的生活 199

哪种态度会给你的个人生活和事业带来毁灭性的打击？为什么有的人总是自认为高人一等？

第14章 智慧比黄金贵重 213

成为亿万富翁需要很高的智商吗？如何才能把混日子剔除出你的生命？

致谢 229

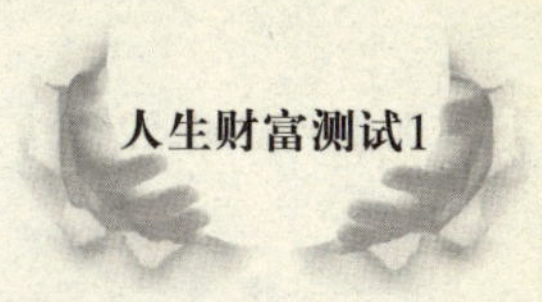

你离幸福有多远?

测试问题:

如果要画一只鸟和一个人，你会如何构图？

A. 一个人正看着笼中的鸟

B. 一个人正追着飞走的鸟

C. 一只鸟停留在一个人的肩上或手上

D. 一个人正向飞远的鸟招手

测试分析:

A. 你的幸福其实已近在眼前了，却受到了一些阻碍而让你无法如愿以偿。

B. 你正全力以赴为自己的幸福而努力，你想抓住自己的幸福，但又抓不住，正处于身心俱疲的状态中。其实有舍才有得，如果你认为眼前的幸福并不是真正的幸福，可就要做个决定了！

C. 不担心鸟逃走而和鸟玩的你，象征着你现在正处于幸福、满足的状态中，每天都觉得很快乐！

D. 这幅画的人物是不动的，只是向鸟招手，暗示你正等待幸福的来临，并且是以一种平静、平常心来等待，但人生中有许多事是要自己争取的，机会稍纵即逝！

你未来的成功指数有多高?

测试问题：

假如有一天你早上醒来发现自己被外星人抓走，你打算怎么做?

A. 想办法逃走

B. 装死

C. 求他们放自己走

D. 与外星人拼死搏斗

测试分析：

A. 成功指数55%。你为人勤奋，只要有机会就会学习一些实用的工作技能，一旦时机成熟，你一定会令人刮目相看。

B. 成功指数90%。你的IQ和EQ都非常高，懂得分享和包容，会让大家觉得不仅仅是事业成功，做人方面也非常沉稳。

C. 成功指数20%。你专注于自己所从事的工作，希望能做得更好，只要能把自己份内事情做好，你总有一天会成功。

D. 成功指数50%。你做事果敢，敢于冒险，这种性格在生意场上不是大赢就是大输。只有学会控制风险，才能成功在望。

你有成为富翁的潜质吗?

测试问题:

你期盼已久的新房要装修了，你会在哪一部分投入最多?

A. 洗手间的浴缸、马桶

B. 卧室的床

C. 客厅的沙发、开关

D. 厨房和化妆间

测试分析:

A. 你是那种最有可能成为大富翁的人，尽管你看起来一点也不像富翁。你的财运不错，总能找到赚钱的门道。

B. 你有上流社会的品味，天生好命。即便你成不了大富翁，也会衣食无忧。

C. 你要学会把握天生的财富运气。不过可别一直偷懒，放弃进财的机会。

D. 你看起来很像大富翁，可惜偏偏不是，好可怜哦！你的财运不好，但改变一下你的工作态度，也可能会有转机。

你的幸福来源是什么?

测试问题:

这是一本古朴而怀旧的相册，当你轻轻翻开它时，映入眼帘的第一张照片是你躺在母亲的怀抱里，正美美地睡着。翻开下一张照片是你正在爬来爬去的场景。那么，接下来的第三张你认为是一幅什么样的照片呢?

A. 你坐在床上，被很多可爱的绒毛玩具包围着

B. 你在浴缸里快乐洗澡、玩耍

C. 坐在儿童学步车上，正在吃饭

D. 你拉着母亲的手，正在蹒跚地学走路

测试分析:

A. 你够优秀，也够执著和完美，任何一种出格的行为和思维绝对不会在你的生活中出现，即使是偶然的放纵也会让你自责不已！所以，你的幸福来源于父母和周围人对你的看法。

B. 你对自己的满足度是相当高的，你有足够的自信，你的能力足以应付任何复杂的事情。如果你能够多听取他人的意见，会获得更多的幸福。

C. 虽然简单而质朴的外在性格让你拥有很多朋友，使你看起来很幸福，但你的内心却因为知音难觅而常常感到孤独。如果你能够卸下心理的防备，多跟朋友进行心灵上的沟通，你会获得更多的幸福。

D. 内心的矛盾一直是影响你幸福的重要因素，生活中你习惯于顺从，可能你正在做的事情并不是你喜欢的。如果你能够摆脱束缚、放下包袱、从心出发，也许你会更加幸福。

所罗门的魔法

你能想象这样一个人吗？他在大学毕业后头6年里丢掉了9份工作，然而，第9份工作却奠定了他的事业基础，他由此创建了资产上百万美元的企业，销售额更是高达十几亿美元。这一切皆要归功于《圣经·旧约·箴言集》里所罗门的教诲。事实上，这正是我的亲身经历。

我罗列一些数据，以便您能更清楚地看出所罗门教诲的巨大影响，我在接受这些真理后，生活和事业发生了翻天覆地的变化：

之前：收入不到美国平均雇佣劳动力收入的一半。

之后：年收入从1.8万美元激增到700万美元。

之前：被认为不具备成功者潜质，成功率为零。

之后：事业一帆风顺，成功率高达60%，远远高于本行业平均1%的成功率。

我曾经违背所罗门的建议，作出了3次失败的投资决定，造成了几百万美元的损失，这使我对他的建议的正确性更加深信不疑。假如我遵从所罗门的建议，我不会丢掉一分钱。曾经，由于我无视他的建议，忽视了与家人的联系，只能眼睁睁地看着本来非常幸福的家庭分崩离析。而后，我根据所罗门对家庭关系方面的建议全力弥补，我和妻子终于重修旧好，现在我的婚姻生活让我感到无比幸福！

如果所罗门的建议对我整个人生的帮助只是偶尔灵验，我们可以称之为巧合；如果忽视他的警告带来的只是几次无所谓的挫折，我们也可以称之为偶然。然而，无论对我还是对其他人，无论在个人生活方面，还是事业方面，只要遵循他的指导就可以取得巨大的成功，而忽略他的警告就会导致惨痛的失败。即使最根深蒂固的怀疑论者也不能否认这样一个事实，那就是，所罗门是世界上有史以来最具智慧的人。物理规律支配着由物质组成的宇宙；所罗门揭示的“生存的规律”在无形中掌控着我们的人生。

当你每次踏进机舱时，你就把自己的命运完全交给重力规律和空气动力学规律来控制了。如果飞行状态正常，飞行员在操作上遵循以上两个物理规律，你将会安全抵达目的地。如果由于各种偶然因素，飞机的运行和飞行员的操作一旦有误，你别无选择，只能返航。当然着陆方式根据情况会略有差异，你可能有惊无险，也可能粉身碎骨。这些规律是不以你的意志为转移的，无论你喜欢还是讨厌它们，无论你重视还是忽略它们，它们始终存在并且控制着你的飞行。幸运的是，航空工程师和飞机设计师通晓这些规律，他们制造出快捷、安全和舒适的飞行工具。如果他们无视这些规律，飞机根本不可能飞上天。

正如宇宙中存在着处于支配地位的物理规律一样，生存的规律同样也是客观存在的。无论你喜不喜欢它们，它们始终存在并且控制着你的生活。无视它们，只能束缚你的能力，使你无法争取到纯粹的幸福和成功。尽管许多人并不了解这些规律，但他们无意间还是遵循了它们，并且因此获得了一定程度的成功和幸福。然而，通常的情况是，对这些规律的无知，我们人为地给成功设置了不可跨越的障碍。而从另一方面来看，只要学会了如何在自己的人生中利用这些规律，你就能取得别人求之不得的成就与幸福，你的梦想也会变成现实。所罗门在《圣经·旧约·箴言集》里揭示了这些规律，同时，他也指导我们如何对它们善加利用，从中获益。

所罗门的祷告

所罗门大约生于公元前 974 年，12 岁被父亲大卫立为以色列王。所罗门战战兢兢，担心自己没有足够的智慧来统治以色列。根据《箴言集》的记载，上帝降临于所罗门面前，问他想要什么恩赐。所罗门求上帝赐予他智慧和知识，使他能够辨别是非。上帝对所罗门说，因为他没有为自己求财富和荣耀，也不求仇敌的性命，甚至不为自己求长寿，因此上帝决定将智慧和明辨之心，连同他没有要求的财富和荣耀一同赐予他，使历任君王中没有一个人能与之匹敌。上帝的恩赐果然应验，所罗门的智慧、成就和财富多得超乎想象。

单单就财富而言，有些人认为，如果换算成美元的话，他的金子以现在的市值计算价值千亿美元，除此之外，他还拥有 4 万匹马和战车，还有 1.2 万名骑兵。周边国家的君王都要向他进贡，向他寻求忠言。然而，尽管他将生存的规律、原理和策略都精确地记录在了《箴言集》里，但是他自己却在中年之后开始违背这些规律；他后期的所作所为使他的成功和幸福烟消云散。尽管如此，他记载在《箴言集》里的生存规律却保留了下来，这些规律至今依然在我们的生活中发挥着作用。

解读所罗门密码

尽管《箴言集》里的每句话都包含了显而易见的哲理，可它真正的价值却深深隐藏在表面含义之下。在箴言中，所罗门呼吁我们如同寻找宝藏一样追求智慧和知识。要想达到这个目的，我们必须时常透过表面，研究每条箴言的历史背景及其上下文含义。我们不应当只关注箴言狭义的字面意义，而必须找到它所表达的广泛的精髓。这样一来，我们不但能发现所罗门生存的规律，也能找到像宝藏一样珍贵的智慧和知识，这是可以泽被万世的宝藏。

我不是唯一受益于所罗门的人。因为听从了所罗门的建议，我实现了自己异想天开的梦想。此外，我还爱读名人传记，书中的人物大都名留青史，功绩卓著。在研究他们的生平时，我意识到，不管他们有没有读过《箴言集》，他们为人处世的态度都暗含了所罗门策略的指示，从而成就了人生的一切。例如，乔治·华盛顿、托马斯·杰斐逊、亚伯拉罕·林肯、亨利·福特和托马斯·爱迪生在少年时都读过《箴言集》。即便像比尔·盖茨、山姆·沃尔顿、海伦·凯勒、史蒂文·斯皮尔伯格和奥普拉·温弗瑞这样的现代偶像，他们之所以能够实现自己异想天开的梦想，是因为他们同样也做到了所罗门建议我们去做的事。另外，书中也不乏一些与所罗门的劝谏背道而驰的个人、企业甚至国家，他们都为自身的错误付出了沉重的代价。阿道夫·希特勒之所以蛊惑整个国家的民众发动罪恶的战争，正是因为他没有理会所罗门的告诫。“二战”时美国在珍珠港的失利和安然破产案，都是违背了所罗门箴言的后果。

所罗门的智慧可以为你带来什么？所罗门的明辨之心和他的教诲可以为你的事业、社会关系和私人生活带来些什么？不管你相信与否，它们给你的帮助可能是无限的。所罗门说， 如果你遵从他的劝导， 你就会得到回报。以下列举了一些例子。

所罗门的智慧给我们带来的财富

知识　健康　慎重明智　真正的智慧　理解力

长寿　诚实　人格力量　非凡的成就　良好的判断力

升职　自信　经济独立　个人成就感　良好的人际关系

勇气　成功　富裕　真正有意义的生活

所罗门为复杂多变的人生提供了有效的策略和技巧，以确保我们取得非凡的成就。

不要把这本书仅仅当作一个抽象原理和诗体说教的集合。所罗门的智慧不允许他在这些毫无意义的东西上浪费时间。他的教诲给出了精确的步骤，帮助你在个人生活和事业上取得令人惊异的成就。

在本书里，我将着重介绍那些曾经应用到我自己的事业、个人生活和财政领域的策略和步骤，它们都被记载在《箴言集》里。每一章分析过所罗门提出的策略后，我都会根据自己在日常生活中贯彻这些策略的经验，提出几个简单的技巧。

每章末尾，我还会加入“智慧知识”的部分，再给出几个特别的练习，帮助你更有效地利用所罗门的策略。一旦做到这些，你就可以体验到超乎想象的成功和喜悦。无论你现在成功与否，我可以保证，你的前途将更加光明。那还等什么呢？让我们一起开始奇妙的旅程吧！

第 1 章

The Richest Man Who Ever Lived

坚持正确的、恰到好处的勤奋

你见过工作勤勉能干的人吗？
他必立于君王面前。

——箴言 22:29

Do you see a man diligent in his business?
He shall stand before kings.

——PROVERBS 22:29

精英法则

我们的努力和追求总会带来不同结果：不可思议、伟大、良好、差劲、糟糕或惨痛。50多年来，所有这些结果我都经历过。而且，通过研究历史上许多声名显赫的大人物，我发现他们在人生中的一个或一些方面，同样尝遍了从极好到极坏的所有结果。但是毫无例外的，他们都在自己最有作为的领域取得了令人难以置信的成就。这源于一种简单而又无比强大的技能，他们之中的每一个人都学会并运用了它。这把神秘的钥匙帮助他们实现了自己遥不可及的梦想。

这项技能的使用者包括乔治·华盛顿、托马斯·杰斐逊、本杰明·富兰克林、托马斯·爱迪生、克拉拉·巴顿、约翰·戴维森·洛克菲勒、亨利·福特、山姆·沃尔顿、沃尔特·迪斯尼、比尔·盖茨、奥普拉·温弗瑞、史蒂文·斯皮尔伯格等。事实上，只要运用好这项技能，你一定会取得不同程度的成功；反之，如果不能好好利用它，那你几乎没有成功的可能。

不幸的是，1000个人里未必有一个人能够充分驾驭它。当然，任何事情都有好的一面，那就是这个技能并不难学，而且不论你拥有什么样的社会背景、教育程度或者智商，都可以把它据为己有。

我所说的技能正是“勤奋”。可能大多数人都以为自己知道什么是勤奋，但是这与事实相去甚远。所罗门在谈到“勤奋”时说：它是一种比10克拉大钻石还要珍稀的品质。之所以稀有，是因为真正的勤奋违背了人类的天性。

每个人都有天性。受天性的驱动，我们自然就具有某些倾向、力量和弱点。不过，勤奋却并不属于人类的天性之一。事实上，人类的天性总是驱使我们满足近在眼前的欲望。我们总是期望在最短的时间内凭借最小的努力去获得最多的满足，我们天生都喜欢选择捷径。庆幸的是，尽管我们有这样的天性，但是为了追求某个目标，我们也会选择一条具有更多阻碍的道路，筹谋规划，付出努力，从而变得勤奋。如果你拥有了所罗门所说的那种“勤奋”，你就能在人生的重要领域取得卓越的成就。

金钥匙的模样

辞典中对“勤奋”的解释是“持之以恒并且苦干”。一方面，我对“持之以恒”这个词颇为认同，不懈的坚持的确是勤奋的一部分。然而另一方面，要想真正领悟所罗门所说的“勤奋”的含义，“苦干”这个词就不是最精确的解释了。相对而言，我更喜欢“巧干”这个词。

> 举个例子，假设我要砍倒一棵树，如果用一把斧子来砍，毫无疑问这是“苦干”，却绝对不能称之为“勤奋”。只用一把斧子，我可能要花几小时，甚至几天时间才能砍倒一棵树。然而换用链锯的话，锯断同一棵树却只需要几分钟的时间。这样我可能干得不那么辛苦，但是却非常巧妙。

辞典上还列举了几个勤奋的同义词：谨小慎微、尽职尽责、考虑周全和仔细慎重。尽管所有这些品质都是勤奋的重要方面，但它们都不能完全传达出所罗门所指的“勤奋”的含义。

为了更全面地理解所罗门所说的“勤奋”，我们需要将以上品质还原到所罗门的原话中去。他在箴言中说：“孩童的行动是否纯净正确，凭他的行为就可以判断出来。”这句话的关键词是“纯净”和“正确”。所罗门之所以用“纯净”这个词并不仅仅因为它有道德和伦理上的含义，他更想用这个词来描述一种以最原始的形式出现的行为。相对而言，“纯净”更近似于一个采矿术语而不是一个伦理词汇，所罗门的宝藏象征着他的巨大财富，而他留下的文字里也经常会出现具有采矿含义的词汇。你知道如何开采金矿吗？首先你要挖出一大堆土，找到一大块岩石，然后你开采出那块含有黄金的岩石，把它放到高温大火中去煅烧，当所有杂质熔掉之后，剩下的就是纯净的黄金了。这就是勤奋中“纯净”的含义。它意味着做好准备，下定决心投入几分钟、几小时、几天去做一件事，并从中获得“纯净”的回报。

> 勤奋是一种可习得的技能，它包含创造性的持之以恒和巧妙的努力，通过合理的规划和实施，能够及时、高效、显著地获得纯净的和具备最高完美品质的结果。

勤奋另一方面的含义就是“正确”，坚持不懈和巧妙已经不足以表达这方面的意思了。它指的是做事恰如其分，这样才能起到事半功倍的效果。换句话说，就是不管做事之前有什么要求或预期，都要按时保质保量地完成。这意味着除努力之外还需要加上创造力、持之以恒，甚至还包括其他人力和外部资源，只有这样才能取得非凡的成就。

看到这里，你可能想打退堂鼓，心想着：“我无法做到这些，我既没有创造精神也没有恒心。”在退缩之前，让我来告诉你，只需按照所罗门关于勤奋这项技能的指示去做，你就能够做到。而一旦我们掌握了勤奋的技能，我们就能将它应用到生活的各个重要领域，使任何努力和追求都能结出胜利的果实。我们可以用它来改善婚姻、提升事业，甚至可以使濒临破产的生意起死回生。

听上去挺复杂的，是吧？这正是因为真正的勤奋包含了多种品质，才会如此珍稀。或许看过一个简单例子后，你会更容易理解什么是真正的勤奋。

在大学一年级的时候，我被任命为后备军官训练营的一位排长，而其他同级的39位排长都来自于三年级或者四年级。当年训练营的头等大事就是在这40个队伍之间举行一场年度军事训练竞赛。其中一位排长认为他们全排上下刻苦训练，肯定能稳坐这场竞赛的冠军宝座。在每周的训练课上，他们每次都从早上7时开始训练，坚持了整整1年。然而他不知道，我们排的队员每次6时就开始训练了，而且大家都是自愿早到的，我们一训练就是2小时，而不是正常的1小时。他更不可能知道，我教给队员们许多复杂的战略战术，在这多出来的1小时里，我们就可以不受任何干扰地在训练场上演习。我们排共有30名队员，大家全都勤奋认真地学习和演练这些战略战术，直到全部掌握为止。

竞赛日期日益临近，我们排的训练时间比别的排多出了1倍，学习了更加复杂的战略战术。其他排的队员认为自己已经尽力了，而相对于他们，我们才真正做到了勤奋。结果我们取得了“卓越的成果”：总分300分，我们获得了287分的好成绩。原来被看好的那个排屈居第二，他们只得了268分。我们排摘取了年度后备军官训练营军事训练竞赛桂冠，在亚利桑那州立大学的历史上，我是唯一一个赢得这项荣誉的一年级学生，还被选为年度最佳军事训练学员。作为奖励，我获得了乘坐90分钟超音速战斗机的机会，并且获得了由空军颁发的航空奖学金（付清了我此后3年的大学学费）。不过，这些荣誉是属于我们整个团队的。

我们获得了成功，并不是因为我们比别人聪明或者受过更多的教育，而是因为我们做到了真正的勤奋。

不只多收三五斗

人的天性倾向于选择捷径。所罗门很清楚，必须有动力，我们才能克制“随大流”的倾向，转而选择勤奋。那么怎样才能有动力呢？他告诉我们，缺少了勤奋，后果将是灾难性的。真正的勤奋带给我们的是不可预计的回报，这些回报包括：

稳居优势地位

在为目标付出努力的时候，你是想处于一个牢靠的、不可撼动的有利地位，还是自始至终都处于不利地位？所罗门向我们保证真正勤奋的人会获得无可比拟的优势，这是那些不具备勤奋品质的人不可超越的。他说：“勤奋人的筹划必使他获利。”无论我们的竞争对手是公司、个人、环境或者只是时间，勤奋都会使我们具备独一无二的优势，一种会带来更大成就、更多财富、更强烈满足感的优势。

形势随人而非形势逼人

受制于老板或其他人，还是把命运掌握在自己手中，哪种生活方式是你想要的？所罗门说：“勤奋人的手必掌权，懒惰人的手必做苦工。”真正勤奋的人不但能掌握自己的命运，同时还能激励周围的人获得更大的成功。

获得真正的满足感

在现实生活中，绝大多数人长期处于一种“饥饿”状态，不是因为缺少食物，而是由于他们对物质享受永不满足的欲望造成的。与历史上任何时期相比，当代美国人负债最多，存款最少。无论拥有多少财富，我们永远不会感到满足。获得心灵的满足和真正的成就感简直跟中奖一样渺茫。可是所罗门告诫我们：“勤奋之心必得丰裕。”这里用“心”这个词，意指一个人内心深处的自我，他的本质核心、他的性格以及感情之所在。想象一下那种无欲无求的精神状态，这种满足感正是所罗门提到的勤奋的回报之一。

当权之人青眼相加

居于高位、声名显赫的人会主动挑选勤奋的人，而其他人想尽办法试图吸引他们的注意却往往不能如愿。所罗门说，工作上勤勉能干的人“必立于君王面前”。这些人有如璀璨星辰，他们的作为吸引了周围所有人的目光。

满足需求

一般情况下，在自己的专业领域勤奋敬业的人会获得足够的物质利益以满足自己的需求。所罗门说：“耕种自己田地的，必有充足粮食；追求虚幻的，必饱受穷乏之苦。”同时他又发出警告，如果你受虚妄之人的迷惑，听信了他们的谗言，轻易离开了自己奋斗的领域，那将偏离获得成功的道路。这句话可以解读为：不要被那些表面风光的人愚弄，他们的“一夜暴富”计划是真正的天方夜谭。如果遇到这样的人，你应当立刻转身，离他远远的。

获得持久的成功

所罗门断言，勤奋劳作的人会获得不断增长的成功和财富，但是没有付出巨大努力而轻易获得的钱财通常都会得而复失。事实往往令人难以相信，但是我们经常会听到此类故事。多数赢得彩票的人会在很短的时间内把赢来的钱全部花光；最幸运的赌棍不管赢了多少钱最终也会输光，债台高筑是他们不变的结局。拉斯维加斯的赌场为一掷千金的赌徒准备好富丽堂皇的免费套间，这绝不是出于善良之心，因为他们很清楚，赢得越多，最终输得也会越多。

努力终会有回报

所罗门保证所有勤奋劳作的人终会获得回报，他们能实现目标并且获得经济上的利益。如果将努力用在经营婚姻生活上，你获得的回报将是家庭生活的温馨与富足。同时，所罗门又警告人们，嘴上空谈容易，做起来却并不是那么简单。真正的勤奋要求一个人具备洞察力、创造力、责任心以及良好的团队意识。所罗门其实就是告诉我们，如果你的生意不兴旺，或者家庭生活不美满，那么你很可能没有在这些方面付出足够的努力。只要勤奋，我们都会获得回报。

 你愿意陷入万劫不复的深渊吗

人生有两个持久动力：渴望得到和害怕失去。所罗门正是利用这两方面来说服我们。如果以上他给出的种种好处仍无法激励你勤勉努力的话，下面这些不勤奋的后果或许能给你足够的刺激。

永居劣势，不可翻身

勤奋的人筹划充分，所以他们做起事来从容不迫，力求完美。不勤奋的人总是急于求成，他们的鲁莽行事和急躁终会导致失败。所罗门说：“勤勉奋斗的人必将获利；行事急躁的人必致贫穷。”

在我的投资生涯中，我曾经先后 5 次赔光了所有的积蓄，每次都是因为我不够勤勉、行事急躁造成的。这些失败的经营使成百上千万美元化为乌有。我女儿在一次类似的冲动中也失去了她所有的积蓄，因为她事前没有征求其他任何人的意见。假设我们两个都多一点勤勉，少一点急躁，或许我们都不会败得这么惨。

在压力下苟延残喘

没有人愿意活在别人的控制之中，我们痛恨受制于人。你将如何度过每一天？你的薪酬有多少？你将升职、降级还是会被炒鱿鱼？谁来决定这一切？如果不勤奋工作，即便那些自己当老板的人也将受制于顾客或者其他竞争对手。

勤奋的人可以实现他们最近的渴望，获得极大的成就感；与之相反，懒惰的人却总是忍受着无法满足的欲望的煎熬。在《箴言集》中所罗门不仅提到了勤奋之心必得丰裕，同时他也警告："懒惰人渴求，却一无所得。"可悲的是，对于懒惰的人来说，他们的生活充满的是欲望而不是满足。

无力辨别真伪善恶

如今，电视上充斥着、鼓吹着大量不劳而获的论调。他们大力宣称，即便没有一分钱的积蓄，也能购买房产，或者炒股之类等。所罗门警告我们说，那些吹捧轻松赚钱和一夜暴富的人恰恰暴露了自己的愚蠢和无知。

努力付诸东流

勤奋劳作的人热忱地投入工作，而其他人总是吹嘘，总有一天将如何如何。空谈是廉价的，而勤奋则需要付出巨大的努力。不过，当勤勉的人享受自己的劳动果实时，夸夸其谈的人却总是在浪费时间。因此所罗门告诉我们："嘴上空谈导致贫穷。"

播撒勤勉的种子

所罗门给出了一个每个人都可以采用的方案。这个方案可以使勤奋成为习惯，成为我们日常生活的一部分。然而，这条路上还有一个巨大的障碍，一个我们几乎每天都可能遇到的障碍。这就是人类的惰性，这种本能会使人们舍弃困难。

几乎没有人愿意承认自己是懒惰的。然而事实却是，我们本性里都有懒惰的种子。若不及时处理，它们就会成长，会蔓延甚至侵蚀我们生活的各个方面。通常情况下，我们可以处理好生活的一个方面，譬如我们的工作或者事业，对其他方面却放任不管——譬如我们的婚姻和家庭。我认识一些人，他们事业成功、家财万贯，家庭生活却不美满。所罗门告诉我们如何处理这些懒惰的种子(无论它们藏于何处)，用勤勉的种子来代替它们。

如何根除懒惰

所罗门认为懒惰共有四种根源：以自我为中心、自负、无知和不负责任。(他经常将最后两种放在一起，统称它们为“愚蠢”。)为了有效地对抗懒惰，我们必须从根源入手。

以自我为中心

我们习惯从自己的角度来看问题。如果不能将关注点转移到他人的利益和幸福上的话，我们的行为就只能遵循一种模式，这种模式虽然能够最直接地满足欲望和自我膨胀感，但却不能使我们看到这样做对自己未来的影响。所罗门建议我们问问自己：怎样才能使所有相关者的利益最大化？

自　负

我们经常自认为比周围的人更聪明，所以做事之前不愿意听取别人的建议。我们认为别人懂的不如自己多，所以就随心所欲，想做什么就做什么。但是我们不得不承认，世上总有人比我们聪明，所以在我们作出重大决定和行事之前，应当征询他们的建议。真正勤奋的人在着手去做任何重要事情之前，都会向几位有识之士征求建议。

无知和不负责任（愚蠢）

懒惰的最后两个根源是无知和不负责任，所罗门统称它们为“愚蠢”。相较而言，无知的人做事比有学识的人做事更容易。为了获得学识，我们需要付出时间和努力。而停留在无知的状态下，凭着本能选择工作方式，这样做就会很容易。如果说无知的结果是灾难性的话，那么不负责任只会更糟。因为你明知道应该做什么，却选择不去做它。

懒惰会衍生更多的惰性

懒惰也可能会蔓延到你生活的其他领域。为了获得即刻的满足而服从于本能的驱使，这样做的结果最终就会形成习惯。

懒惰会给个人成功带来难以跨越的障碍。当我还是个孩子的时候，邻居福茨先生家的后院被一圈厚厚的树篱笆围着，上面长满了红浆果和荆棘。我和朋友们玩球的时候，如果不小心把球丢进他家的院子，大家就很发怵。因为我们之中必须有人穿过荆棘丛把球捡回来。不管谁去捡球，都会被刮出血淋淋的伤痕。在所罗门看来，懒惰给个人的成功制造了一个类似的障碍。

所罗门的勤勉术

怎样才能将所罗门所说的勤奋引入我们的生活呢？想要做到真正的勤奋，你必须在生活的各个重要领域养成勤奋的习惯。想要做到勤奋，你并不需要等上几年、几个月，甚至几天时间都不用等。只要遵循所罗门给的四个步骤，我们就能立刻将勤奋应用到生活的各个方面：工作、事业、婚姻、子女教育甚至精神层面。

步骤1：直面现实

我们总是以为有充足的时间可以用来实现个人事业上的目标，事实上我们并没有这么多时间。即便明明知道应该立刻去做一件事，我们却总是拖拖拉拉。举例来说，大约80%的美国人体重超标。他们几乎每个人都制定过减肥计划，内容包括改善饮食、多做运动、关注健康等。但是年复一年，他们却一直没有抽出时间来实施这个计划，拥有好身材对他们来说就是一场美梦。类似的情况也出现在夫妻之间、父母和子女之间，因为尽管他们想要改善婚姻和家庭关系，却总在拖延！所罗门说："醒来吧！不要再拖延！"

不要试图对你身处的环境视而不见。所罗门要求我们认清这个世界，认清它的游戏规则、它的要求，以及它的机遇。时光不停留，逝去的每一天永远不可能重新再来。而每一天的流逝，都意味着我们有限的生命又少了一天。醒来吧，从现在开始认真对待你的生活，你会遇到数不清的机会！请为你的生命负责，端正生活态度，实现生存价值，有意义地度过每一天！

步骤2：探寻愿景

所罗门在箴言中曾说："没有愿景，人民就将灭亡。"换句话说，如果我们失去了愿景，就不可能拥有方向、动力、快乐、热情、活力、创造力和责任心。任何时候，只要你在生活领域找到了真正的愿景，你就能够获得新的能量。你将找到方向、动力、快乐、热情、活力、创造力和责任心。事实上，对愿景的规划是真正勤奋的要素之一。如果对自己的需求没有一个清晰明确的概念，你是不可能做到真正的勤奋的。在《箴言集》中，所罗门建议不具备勤奋品质的人仔细观察一下蚂蚁：它们"没有元帅，没有指挥，也没有统治者，尚且知道在夏天预备食物，在收割的时候积聚粮食"。换句话说，蚂蚁们为了保证自身和整个集体的利益，在使命的驱动下，即便没有上级的监督和指示，它们也能按部就班地做好该做的事情。由此看来，只要确定了自己真正想要什么,并且为实现它制订好一个详细的计划,你就取得了主动权，在实现它的过程中就能够做到真正的勤奋。

步骤3：寻找合作伙伴

为了实现目标，你需要征询别人的建议，与有效的团队合作，这样才能做到真正的勤奋。我们的个人所知毕竟有限，每一个人都概莫能外。大多数人只熟悉几个领域的知识，而对这些领域之外的问题一无所知，对解决这些问题更是完全无能为力。然而真正的勤奋却要求我们对即将采取的每一步行动都了如指掌。因此，要想在各个领域做到完美无缺，听取别人的建议和寻找团队合作就成了唯一可行的办法。这里的合作伙伴是指能给我们提出建议、忠告和指导的人，他们可以教给我们知识和技能，帮助我们实现梦想。

回顾历史也可以发现，没有人能在不借助别人帮助和建议的情况下，实现人生的目标。既然历史上大多数成功者都需要顾问和伙伴的帮助，你又凭什么认为自己可以独立实现梦想呢？事实就是，没有人具备这样的能力。真正勤奋的人不会等到出了问题才忙着去征询别人的建议；他们会在刚开始，甚至在做事之前就开始行动。这样做极大地降低了风险，提高了成功的可能性。

步骤4：追求智慧

勤奋的人所具备的最后一个要素就是：追求智慧并在它的基础上建立自己的人生。所罗门要我们像寻找地下埋藏的宝藏一样来追求智慧。因为真正的智慧不会停留在事物的表面，这种财富必须通过深入挖掘才能得到。尽管如此，追寻智慧的过程并不困难。寻找地下埋藏的宝藏是有趣的经历，一旦找到了，就会有丰厚的回报。在本书的最后一章，你将看到，获得了真正的智慧会带给你什么意想不到的回报。

要想成为一个勤奋的人，首先必须知道自己想要什么。所罗门在下一章将会告诉我们：为了每个重大的计划和目标，为了人生的头等大事，如何确定清晰明确的愿景。

智慧知识

这里有一份调查表，你可以用它来测试一下自己在人生重要方面的勤奋程度。测试结果会告诉你，你在什么地方还不够勤奋。而在以下两个章节你将学到的技巧，会帮助你在追求目标的过程中运用勤奋。

勤奋调查表

你是否能做到：

1. 对想要实现的目标有一个清晰而明确的愿景
2. 遇到失望和失败也能一直坚持
3. 办事灵活
4. 正确的目标
5. 正确的计划
6. 完成及时
7. 工作高效
8. 效果显著
9. 尽善尽美

第2章

The Richest Man Who Ever Lived

描绘最让你心动、最不可思议的愿景

为什么一个连一年级都没有读完的学生会获得比历史上任何人都多的专利权？

为什么一个不到两周岁就失去了听觉和视觉的女孩，会成长为19世纪最鼓舞人心的作家和演说家？

没有愿景，人民就没有法纪。

——箴言 29:18

02

Where there is no vision, the people perish.

——PROVERBS 29:18

最近，我有幸参观了一艘在前线服役的核动力航空母舰约翰·西·斯滕尼斯号（USS John C. Stennis）。一踏上甲板，我就被她的庞大规模惊呆了。她就像一座漂浮在水上的城市：比3个足球场加起来还长，重量达到了9万吨，舰艇上驻扎着5000多名官兵。她的动力系统由两个核反应堆组成，这使得舰艇能以每小时30海里的速度飞驰在大洋之上，并且还可以在相当长的一段时间里持续航行，无需补充燃料。传统的航空母舰一次就要装几千吨燃料，而且需要经常补充。而最让我震撼的是，斯滕尼斯号每26年只需要加一次燃料！在我看来，核反应堆的迷人之处就在于，只需要很少一点燃料就能够产生巨大的无法估算的能量。

所罗门提到的正是我们自身的能量源泉。它能驱动我们实现最遥不可及、最异想天开的梦想；它能把极少的燃料转化成惊人的能量；它能从根本上改变你的生活，并且从你开始使用它的那一刻起，这种变化就已经发生了。这种能量的力量是如此强大，在它的驱动下：

一个连一年级都没有读完的学生获得了比历史上任何人都多的专利权，其中就包括录音机、活动电影放映机和留声机的专利。当然，不要忘了被所有人熟知的电灯泡的专利。

一个不到2周岁就失去了听觉和视觉的女孩，非但没有因此变得消沉和愤世嫉俗，反而成长为19世纪最鼓舞人心的作家和演说家。

一个推销牛奶搅拌器的52岁老人，退休后创建了世界上最成功的连锁快餐店。

两位大学生白手起家，把自己的软件公司发展成为世界上最具实力的公司之一。

一个每小时挣 2 美分的图书管理员，最终使自己成为了世界上最富有、最有权力的人。

除此之外，还有一连串的例子可以说明，这个能量源泉能够使人们实现他们不可思议的梦想。所罗门也认识到，一旦这种能量被人们应用于生活的某个重要领域，便可以发挥出无穷的威力；它不仅产生动力，还提供发展方向。那么，这个能量源泉到底是什么呢？所罗门认为愿景就是能量源泉，而希望就是燃料。不过请不要被这两个简单的词汇所迷惑，认为它们无足轻重。一旦它们结合起来，你就会发现，它们产生的能量绝对能够与核爆炸媲美。

愿景——你的能量源泉

所罗门所指的“愿景”和“希望”与这两个词的现代词义有本质的不同。当我们看到“愿景”一词的时候，第一反应通常会把它当作一种类似于神秘的经历和梦境一类虚幻的东西；而提到“希望”，我们就会立刻联想到“愿望”和“渴望”等同义词。然而，所罗门并不是这样理解这两个词的。这里所讲的“愿景”并不是抽象的、难以理解的；“希望”也不仅仅是“愿望”和“渴望”。对所罗门来说，它们都有具体而明确的含义。只要你想在一生中有所作为，就必须知道所罗门是如何理解它们的。

对大多数人而言，“愿景”与现实生活的关系，就像一幅现代主义绘画作品与沿着高速公路开车旅行时如何选择方向的关系一样，风马牛不相及。根据所罗门的定义，大多数人要么对自己的人生没有任何愿景，即使有，也都是非常模糊和抽象的，比如想变得更成功、更富有等。然而对所罗门来说，愿景是非常具体的，拥有真正的愿景就好像看交通旅行图一样具有实实在在的意义。愿景就是对目的地的清晰描绘以及为到达那里而制订的详细计划。

大学毕业后，对于想要达到什么样的目标，我并没有一个清晰明确的愿景，因此，我的前9份工作收入都很微薄，最后都以失败告终。然而，当我开始第10份工作时，一个清晰的愿景逐渐成形了，我的工作第一次有了目标。为了最终实现我的目标和愿景，我制订了一个详细的计划，列出了每一个步骤和任务。想知道结果如何吗？在短短不到6个月的时间里，我新创建的公司的销售额就从每周1000美元攀升到每周100万美元。

清晰明确的愿景从根本上改变了我的人生，而且我绝对不是唯一的例子。托马斯·爱迪生在一年级的时候就辍学了，他妈妈在家里亲自教育他。《箴言集》就是她给儿子用过的课本之一。在少年时代，爱迪生就明白成功的前提就是要有清晰的愿景和为了实现它而制订的详细计划。他在发明的过程中使用了一种叫做“愿景规划”的方法。这个方法成了他创造力的源泉，给了他恒心和力量，使他成为有史以来最多产、最成功的发明家。

> 愿景的含义有两个方面，首先，它是一个定义明确的目标；其次，是为实现这个目标而制订的详细计划和时间表。

清楚明确的愿景使约翰·戴维森·洛克菲勒由一个每小时挣2美分的图书管理员一举成为世界上最富有的人；它使残疾的海伦·凯勒跻身世界上最鼓舞人心的作家和演说家之列；它同样给了雷·克罗克创业的动力，他将位于加利福尼亚州圣伯纳迪诺的一家小餐馆发展成了麦当劳这个拥有2.5万家全球连锁店的品牌。他们始终认为，在追求目标之前，都要对自己的目标有一个清楚的愿景。

所罗门眼中的愿景

定义明确的“愿景”对你的生活和事业会有多大影响呢？所罗门认为它的影响巨大。一旦没有了它，我们内心最深处的自我就会日渐衰弱。生活的乐趣没有了，工作的成就感没有了，取而代之的仅仅是活着，只是“混日子”。这样的生活会使人无聊沮丧，最终导致绝望。任何人都不想沦落到如此地步，无论在个人生活还是事业上，每个人都拥有一种富足的人生。不过，正如所罗门说的那样：“没有愿景，人民就没有法纪。”

这段箴言适用于我们生活里的各个方面。当人们开始从事一项工作的时候，他们在脑海里对自己的目标往往只有一个笼统的想法。每当有人向我抱怨工作不顺心、家庭不幸福时，只要我请他们描述一下自己对工作和婚姻的愿景，问题的根源就会一下子全部暴露出来。无一例外的，他们根本没有什么愿景的概念。不过即便这样也不要灰心，一旦有了清楚明确的愿景，我们很快就会重新找回梦想和内心深处的自我。

愿景造就自我

1879 年，在俄亥俄州戴顿，一个名叫詹姆斯·里提的咖啡店老板为了防止雇员偷钱，发明了一种机器收银机，并且取得了专利。他还开了一家公司，专门制造并销售这种收银机。然而，他的运气实在不是太好，产品上市 5 年却只卖出去了几百台。这时候，住在同一个镇上的约翰·佩特森，出价 6 500 美元要购买他的公司和专利，他欣然同意。里提和镇上的人都认为佩特森是个不折不扣的笨蛋，竟然肯为这种滞销的机器浪费钱。然而佩特森却拥有里提和镇上其他人所没有的东西：愿景。

后来佩特森一共销售了2200多万台收银机，他的公司也逐渐成为了一家极具影响力的营销公司。他将公司命名为国家收银机公司（NCR）。截至1984年，美国每6个首席执行官里就有1个人有在NCR工作过的经历，并在那里获得了最初的管理经验，这其中就包括IBM的创建者托马斯·沃森（Thomas Watson）。

规划愿景　实现目标

你想在事业上获得怎样的成就？想达到怎样的经济水平？想与你的家人培养什么样的关系？如果你现在还没有明确地描绘出自己的愿景，那我可以肯定地告诉你，你基本上没有实现它们的希望。在这一章里，我曾经提到了“愿景规划法”。在这章结尾的“智慧知识”部分，我还要对它进行更详细的解释和说明。通过这个方法，就能为你人生中所有的梦想获得清晰明确的愿景了。你还可以将愿景细化，这样你获得的愿景才是全面的。既有定义明确的目标，又有为实现这个目标而制订的详细计划和时间表。

“愿景规划法”本身十分有趣，而一旦完成了描绘愿景的工作，你就会感受到它给你带来的成就感。它会给你指出一条意想不到的道路，给你摆脱束缚的力量和完成旅程的动力，同时“希望”又为这段特别的旅程提供了燃料。不过所罗门对“希望”的定义与我们通常理解的定义有很大的不同。在下一章，我们将揭示“希望”的真正含义，以及把这种“高能燃料”转化为动力的措施。

“愿景规划法”不但可以为你服务，它同样可以帮助你周围的人，比如你的雇员、你的配偶和子女。如果你能帮助他们明确愿景、实现目标，他们的成就感和动力也会迅速高涨。

我的大女儿卡罗尔11岁时，迈克尔·兰登（Michael Landon）问她长大后想干什么，她回答：“我要成为费城菲利斯棒球队（Philadelphia

Phillies baseball team）的第一个女队员。”迈克尔笑着用胳膊轻轻杵了我一下。我让卡罗尔告诉他怎样才能实现她的梦想。她说：“爸爸告诉我，要把梦想变成具体的目标，所以我的目标就是成为垒球队最好的接球手和击球手；爸爸说要把目标变成步骤，所以我的步骤就是每天都要练习接球，每个星期练习一次击球；爸爸还说，要把步骤变成任务，所以我要爸爸每天6时之前回家和我练习接球，每个星期六他还要带我去击球场。”虽然卡罗尔最后并没有真的进入菲利斯棒球队，不过她的垒球水平却得到了明显的提高，甚至引起了校队教练的注意。于是卡罗尔把这番话告诉了教练，教练又告诉了队里的其他女孩，于是大家都以她为榜样练了起来。你猜结果怎么样？在第一个赛季里，她们队是最差的一支球队。到了第二个赛季，她们却以全胜的成绩夺得冠军。队员还是那些队员，教练也是同一个教练，取得这样的成绩完全是“愿景规划法”在起作用。

智慧知识

利用“愿景规划法”来制订一个详细的实现梦想的方案

“愿景规划法”是一种实现目标的方法，如果能在某个生活领域成功应用这种方法，你就能从根本上提高你的工作效率。最重要的是，它能帮你规划出一个清楚明确的愿景，并且为了有效而迅速地实现这个愿景，它还能帮你制订出一个详细的执行计划。你生活里所有重要领域都会因为这种方法的运用而充满活力。

“愿景规划法”共有5个步骤。在开始这些步骤之前，你需要准备一个活页笔记本和一支笔，或登陆我的网站（www.stevenkscott.com）下载“愿景规划记录表”（Vision Mapping Journal），表上标注着有关规划的所有重要组成部分和所有行动步骤。有了这些，你就可以开始为人生规划愿景了。

你期望在哪些领域获得重大进步，把它们列在笔记本或记录表上。有些人列出的领域少一些，有些人或许会多些，数目多少并不影响效果。拿我自己举例，我期望改变的领域包括：婚姻、子女、健康、事业和业余爱好。当确定了什么领域对你最重要之后，先将它们写在记录表上。下一步，在这些领域里你有什么样的梦想、渴望和计划？请把其中最重要的部分也列举出来，然后按重要性的高低将它们排序，把对你来说最重要的梦想放在最前面。做好这些准备后，你就可以开始进行愿景规划了。

1. 从最重要的梦想开始，清楚明确地把它们描述出来。每个梦想至少要用一两句话，不过最好不要超过一页纸。可能的话，可以画一幅画，或者找一张图片，这样能更加形象地表现出你心中所想。

2. 另起一页，为每个梦想制定一系列具体的目标。具体做法是：先写上你的一个梦想，然后为了实现这个梦想，制定几个具体的二级目标，将它们列在纸上。这一步能将你的梦想转化成更具体的目标。

3. 为每个目标单独留出一页，在每一页列出一个你期望实现的二级目标和为了实现这个目标所需要实施的步骤。将这部分内容统称为“实现目标的步骤”。

4. 下一步，你需要找出那些包含多项任务的较为复杂的步骤，并且为其中每一个步骤单独留出一页，列出实现这个步骤所需要的任务。把它们统称为“实现步骤的任务”。

5. 最后，为列出的每个任务和步骤设定一个完成期限。写完之后，你就可以开始实施了。每次只需要完成一个任务，或者一个目标，从而循序渐进地实现你的所有梦想。

在规划的过程中，你可能会发现，由于缺乏必需的技巧和资源，有些任务和步骤根本无法凭借你个人的力量独立完成。这时候，你不需要惊慌。在本书的第 5 章你会看到，在追求梦想的过程中，善于利用团队的智慧是唯一可行而且也是一条威力无穷的策略。让自己变成这方面的专家吧！

真的需要将这些想法都写出来吗

每当我向人介绍这个方法时，他们都会第一时间提出这个问题。每次我的答案都是肯定的。如果你想为梦想制定一个清晰明确的愿景，想要通过简单易行的步骤实现梦想的话，那么这个方法可以帮你做到。但是这毕竟不可能一劳永逸地解决所有问题。每天利用1～5分钟的时间,写下你的规划(你不需要一次完成,并没有一个期限规定你必须什么时候写完)。这将是一个持续一生的规划，用这个方法规划你的愿景，并且严格地遵照你的规划实施计划和步骤，你就会在一个星期、一个月或者一年内实现某个梦想。使用这个方法，可以使你领略所罗门愿景策略的力量，这些策略将赋予你实现梦想的力量。

第3章

The Richest Man Who Ever Lived

发掘你内心永不枯竭的力量——希望

永不枯竭的能源真的不存在吗？

为什么亨利·福特在被底特律汽车公司解雇后却创造出了福特神话？

所盼望的延迟未得，令人心忧，
所愿的来到，好比生命树。

——箴言 13:12

Hope deferred makes the heart sick,
but desire fulfilled is a tree of life.

——PROVERBS 13:12

希望，用之不竭的精神力量

100 多年以来，工程师和科学家们一直渴望找到一种永不枯竭的能源，以较小的代价获取较多的能量。想象一下，如果真有这么一种能源，你就再也不用为汽车加油了。事实上，永不枯竭的能源违反了能量守恒原则。但是，世上却真的存在着一种用之不竭的精神和情感力量，激励我们实现自己的梦想。我们将这种力量称为“希望”。

今天我们经常把“希望”当作“愿望”的一个同义词。不过，在所罗门的概念里，“希望”所表达的意义更加真实强大。他将“希望”定义为建立在事实基础上的，对在某个特定时间范围内实现某个具体愿景（目标、渴望或预期）所持有的强烈信念。

仔细思考一下：在没有一个具体愿景的情况下，你怎么能拥有这种“建立在事实基础上的，对在某个特定时间范围内实现某个具体愿景所持有的强烈信念”呢？如果你的愿景脱离了事实基础，或者十分笼统、模糊，你也无法获得实现它们的信念。正因为如此，愿景规划才显得如此重要，它为获得真正的希望奠定了基础。明白了努力的方向和具体措施之后，你就获得了实现愿景规划的力量。

> 希望是建立在事实基础上的，对在某个特定时间范围内实现某个具体愿景（目标、渴望或预期）所持有的强烈信念。

每当你向着某个目标更进一步，心底就会涌现出更多的希望，激励你去实施下一个步骤。换句话说，真正的希望激励着你持续不断地向着愿景的最终实现而努力。随着每个步骤的成功，实现愿景的希望也越来越大。从某种程度上说，希望是人类唯一用之不竭的力量。希望激励着你朝着确定的目标前进，而每次的进步又会激发更多的希望和更强大的动力。

莫延迟他人的希望

从另一方面来看，如果我们在实现目标的道路上踌躇不前，无法完成制定的步骤和任务，希望的发展就会停滞，所罗门将这种停滞不前称为“延迟”。当希望遭到了延迟，它就会悄悄溜走。结果会怎样呢？正如所罗门在箴言中写的：“所盼望的延迟未得，令人心忧；所愿的来到，好比生命树。”希望遭到延迟，你就失去情感的力量和动力，创造力也会急转直下。如果你因此不再努力，最终会完全放弃你的愿景和梦想。长此以往，活着只是为了混日子。

我们给别人的承诺都会在对方心里种下希望的种子。凭借这些承诺，他们对未来规划出一个个愿景。如果我们不能及时兑现，他们的希望就要遭到延迟。他们会因此失去动力，失去对我们的信任。延迟他人的希望甚至还会导致彼此之间关系的破裂。

如果老板无视雇员们的希望，员工的创造力、动力和责任感就会慢慢被消蚀殆尽。亨利·福特一直有一个梦想，他希望能制造出普通家庭也能买得起的汽车。当他被刚刚成立的底特律汽车公司（Detroit Automobile Company）聘任为总工程师的时候，公司董事会却让他放弃自己的梦想。他们只想为当时唯一的客户群，即富人们，设计和生产汽车。福特真正的希望被延迟了，整整两年，他无所作为，没有为公司设计出一款汽车，随即他被公司解雇了。第二年，福特组建了自己的汽车公司，这一次他得到了董事会的大力支持，不再延迟自己内心的渴望，着手将心中所想付诸实践。他“所愿的来到”真正转化成了“生命之树”，不论对自己、公司、雇员和客户，还是对整个国家乃至世界，福特公司的影响力无处不在。截至1928年，世界上每两辆小汽车里就有一辆是福特制造的。

当我找到第1份工作时，我的老板说，只要多打电话，然后再运用他教给我的一些推销技巧，一定能卖出很多商品。他还承诺，我的绩效奖金很快就会超出那些少得可怜的工资。我很用心地学习他教给我的销售技巧，也打了许多电话推销商品，结果却总是事与愿违。我并没有卖出更多的商品，我每个月还是只有500美元的工资，6个月过去了，我平均每个月的奖金还是不到40美元。我的期望值太高，所以希望很容易就被现实打破。最后，我只干了7个月就辞去了那份工作。

后来，我第3份工作的老板告诉我，只要我能先把日常的统计分析工作做好，他就让我参与部门里创造性强的广告业务。我向来都很厌烦千篇一律，更喜欢那些具有创造性和挑战性的工作。因此，我在开始上班的第1个月内激情万丈，很快就掌握了要领，轻轻松松地就把日常分析工作做好了。当我问老板是否可以调我去从事创造性业务的时候，他带着一种居高临下的神情看了我一眼，接着拒绝了我的要求。

当初他的亲口允诺使我内心成长起来的希望就这么延迟了。我失去了动力，以后每天到点上班，到点下班，做他希望我做的千篇一律的工作。虽然没有失职，但是除此之外，他也不会从我这里得到更多的东西了。我不再投放精力考虑本职工作上的创新，相反，我开始寻找其他机会，在业余时间联络了公司旗下其他分公司的负责人。在老板并不知情的情况下，我申请调动到另一家分公司工作，并且得到了批准。

听到我即将调走的消息，老板暴跳如雷，不但解雇了我，还当着全部门同事的面给我难堪。在他看来，我的创造力毫无价值。3 年后我以卖家的身份，将自己制作的电视推销计划卖给了曾经把我炒掉的这家公司。不可思议的结果发生了，这个推销计划成为这家公司有史以来赢利最多的营销项目。假如我还是公司的雇员，他们每年只需支付 1.2 万美元的薪酬给我，然而，现在，他们却要支付给我和我的合伙人几百万美元来购买这套项目。

假如我以前的老板没有延迟我的希望，他本来可以用非常小的代价从我这里获得具有相同创造价值的想法。对他来说更糟糕的是，他并没有因为引进这个推销项目而得到公司高层主管的赞赏，相反，外部的卖家（我的公司）却得到了他们的肯定。我们从中也得到一条深刻的教训：如果你想得到雇员的忠心，并希望他们为你奉献出更多的创造力和价值，那么千万不要延迟他们的希望和梦想；相反，你承担着激发和鼓励他们的责任，你必须学会如何将所罗门的这句箴言应用到实际工作中去。

在婚姻生活中，丈夫经常会延迟妻子的希望，而妻子也会下意识地将这种无视返还给丈夫。人际关系专家加里·斯莫利博士认为，女人有四种最大的需要：第一，人身安全；第二，定期的有意义的交流；第三，无关情欲的触摸；第四，浪漫的感情。每天晚上，当丈夫回到家中，做妻子的（有时自己甚至都没有意识到）希望所有这些需要都能够被丈夫重视和满足。她希望从丈夫的爱和责任感中获得安全感；希望自由地表达自己的感情和想法；希望丈夫在没有性欲的时候也能将自己抱在怀里爱抚；希望丈夫耐心地聆听自己，说说彼此的希望和梦想；希望享受与丈夫合二为一的感觉；还希望丈夫具有浪漫的情怀：希望丈夫单纯地欣赏她本人，而不是因为她做的事情心存感激。

接下来，让我们再来看一下丈夫是如何延迟她的希望的。通常情况下，大多数男人回到家里最不想做的事就是进行所谓的“有意义的交流”，因此他们有意无意地无限期地延迟了妻子的这一项希望。同样，他们也延迟了妻子渴望浪漫的希望。除非在情人节那天，或者妻子提出什么特殊要求的时候，否则他们绝对不会记得妻子的这项需要。最不幸的是，丈夫延迟妻子希望的行为不是偶尔为之，而是经常如此。他们不仅对妻子最需要的这几点希望置之不理，同样也没能及时满足妻子的其他要求。每个女人都希望丈夫下班后能帮忙做些家务，带带孩子。然而对于这个希望，许多丈夫忽视的时候多，满足的时候少。

另外，男人们的希望也经常遭到妻子延迟。斯莫利博士认为，男人的最大需要包括：第一，被尊重和被崇拜；第二，被爱和被需要；第三，持久而有规律地享受性的快乐。丈夫们希望夫妻间的亲密行为反映的是真实的渴望，而不是义务。遗憾的是，在通常情况下，只要男人没有满足妻子的希望，他们自己的希望也不会得到满足。

夫妻双方希望的差异导致了婚姻中许许多多“未满足的希望”的出现，这样一来，彼此间的幸福和满足就更加难以实现。除非每一方都开始将对方的希望和需求放在首要位置，主动去满足它们。

所罗门的解决之道

尽管所盼望的延迟未得会令人心忧，但不要忘了，这句箴言还有后半句：“所愿的来到，好比生命树。”

当找到第 10 份工作的时候，我对我的酬金已经很满意了。不过我的老板更具远见。除工资之外，他还分给我公司 1% 的股份。不同于之前的 9 份工作，这份工作第一次给了我“当家做主”的感觉。结果可想而知。在我来之前，这家公司年总销售额不到 100 万美元，纯利润 10 万美元。而我进入公司 3 个月后，光凭我策划的营销战略就使公司的销售额增长了 2 000 万美元，纯利润也增长了 300 万美元。

我的老板同样给予了其他重要雇员合伙人的身份。通过共同努力，我们创造出几十亿美元的销售额和 1.5 亿美元的利润。我的老板和他的子女们都成了千万富翁。假如他当初没有分给我们股份的话，这样的结果就不可能出现。通过帮助我们实现“藏在心底的渴望”，他种下了那棵生命树，使我们所有的人都获得了巨大的利益。

当我们不再忽视别人真切的需求和梦想时，当我们开始帮助别人去实现它们的时候，我们就为自己的工作、婚姻和生活注入了一种全新的能量。与此同时，这样做也为别人的生活带来了快乐和满足，使他们具备了更强大的精神力量、责任感和信任感，从而能够充分发挥他们的创造力。

擦亮你的梦想

如果你因为希望被延迟而心生忧虑的时候，你必须努力排除这种不良情绪。请记住，有两种情况可能导致希望的延迟：第一，在某个时限内别人向你作出承诺却又食言；第二，你对自己的梦想还没有一个清晰明确的概念。

对梦想进行愿景规划可以在新的层次上给你带来满足感。在追求梦想的过程中利用愿景规划法，你可以发现每个梦想都会在规定的时间内实现。随着一个又一个愿望、梦想和目标的实现，你会有越来越多的满足感。这样你就能亲身体会到所罗门在箴言中表达的含义了：“所愿的来到，好比生命树。”

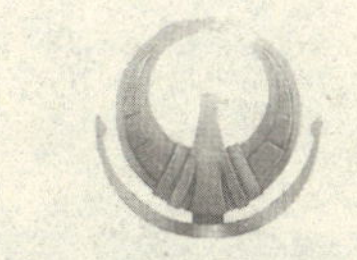

智慧知识

1. 你有哪些最迫切的希望，因为别人的轻视遭到了延迟？把它们一一列举出来。

2. 你有哪些希望因为自己缺乏清晰而明确的愿景而无法实现？也把它们一一列举出来。

3. 你有没有延迟过别人的希望？（问问你的配偶、子女或者下属，他们会很高兴在这个问题上帮助你的）把它们一一列举出来。

4. 你在使用愿景规划法的时候发现了哪些想要追求的希望？把它们一一列举出来。

5. 你的配偶最大的希望是什么？利用愿景规划法帮助他（她）们找出来。

6. 你的子女最大的希望是什么？利用愿景规划法帮助他（她）们找出来。

第4章

The Richest Man Who Ever Lived

找到有效而具有说服力的沟通方式

为什么一对夫妻在结婚初期心有灵犀，心心相印，但过不了多久他们就变成了彻头彻尾的陌生人？

为什么普通的电视直销广告成功率不到 1%，而由史蒂文 ·K. 斯科特制作的电视直销广告成功率却高达 70%？

智慧人的心教导自己的口，
使自己口中的话增加说服力。

——箴言 16:23

The heart of the wise teaches his mouth,
and adds persuasiveness to his lips.

——PROVERBS　16:23

我的妻子香农去年买了一辆新车，这部车具备许多我们以前从来没有见过的新功能。其中一个功能最让我惊异，那是一把不用插进锁眼就可以打开车门发动汽车的电子钥匙，香农甚至都不用把它从手提包里拿出来。当她走到车子旁边的时候，车门会自动打开；当她坐进汽车里，她仍然不需要把钥匙从手提包里拿出来，只要踩上踏板，按一下变速排挡把手上的按钮，车就会立刻发动起来。这把钥匙之所以能有这么多神奇的功能，都是因为里面装了内置的接收器和发射器。当车主碰到门把手或者坐在车里的时候，车子就会向钥匙发射信号；接下来钥匙里的发射器会根据主人所在的位置，将带密码的信息传回车门锁或者发动机，因此实现对汽车的控制。

当然，不管香农的钥匙有多神奇，它都不能与所罗门的钥匙相比。所罗门的钥匙是万能的，它可以开启世上所有的门和开关。它可以为你打开你的老板或者潜在客户的心房，可以为你打开银行的金库和投资者的钱袋，甚至可以为你开启配偶和子女的情感和内心世界。所罗门的这把钥匙，正是有效的沟通。

言语的力量

无论是在工作还是在家庭生活方面，大多数情况下，人们提出的想法容易遭到别人的忽略或拒绝，并不是因为这些想法不好，而是因为人们的表达方式缺乏说服力。根据一项针对企业家和大公司首席执行官的调查我们可以发现，无效沟通是商业活动中存在的最严重的问题。而且，加里·斯莫利博士认为，这也是人际关系中存在的最严重的问题。如果你能够掌握所罗门教给我们的沟通技巧，你在工作上就可以取得令人望尘莫及的成功。

话语对于多数家庭来说是一把双刃剑，既有有益的一面，又有破坏性的一面。夫妻双方会因为在不恰当的时机说了不应该说的话而遗憾终生，但是，如果双方保持沉默，那同样也是失败的沟通。研究表明，大多数女人右脑（大脑中掌管情感的部分）占支配地位，而大多数男人则是左脑（大脑中掌管逻辑分析的部分）占支配地位，这个现象本身就为双方的沟通设置了障碍。

根据人际关系专家所作的统计显示，大多数女人平均每天说话的字数为 2.5 万～ 5 万字，而男人平均每天说话的字数只有 1.2 万～ 2.5 万字。两者之间的差距进一步加剧了双方联系的脱节。斯莫利博士认为，女人一生的最大需求之一就是“心意相通”。然而，即使一对夫妻在结婚初期是心有灵犀、心心相印的，如果缺少有效的双向沟通，他们之间的亲密关系也会被慢慢消磨掉。过不了多久，他们就会变成彻头彻尾的陌路人。

我在 1976 年制作了第一个电视直销广告。（“直销”的意思就是直接将商品卖给消费者。消费者不必通过零售商，而是通过拨打免费电话、发送普通邮件或电子邮件等方式，直接从厂家购买他们在广告中看中的商品）不过电视直销并不像听上去那么容易，你只有 60 ～ 120 秒的时间来吸引消费者的注意。展示产品的功能，使之区别于市场上同类的产品；消除消费者的怀疑，说服他们立即订购；还要给他们留出足够的时间记下订购电话。电视直销广告的成功率不到 1%。不过，我们公司创建的 10 年间，由我制作的广告成功率却高达 70%。我们接到了 2500 万个订购我们公司商品和服务的电话。这些数字足以证明，有效而具有说服力的沟通方式是多么重要了。

言语可以浇灭怒火，也可以火上浇油

每当遇到自己或者别人情绪失控的时候，我们面前都摆着两个选择：火上浇油，让怒火烧得更旺；努力冷静下来，将怒火浇灭。人的本性永远倾向于选择一条障碍较少的道路。如果我们是生气的那一方，我们会倾向于让怒气彻彻底底地爆发出来。如果别人冲我们发火，我们就会选择以牙还牙，也冲他们发火。如果他们出言不逊，我们也不会客气。如果他们对我们大喊大叫，我们就用更大的声音喊回去。不过，所罗门却认为，以怒气对抗怒气只能引发更大的损失。我们并不一定要顺从自己的天性行事，我们可以努力使双方都冷静下来。这做起来其实也很简单，只需要用不太刺耳的声音，配合温和一点的态度，再加上几句好听的话就可以了。

我的脾气并不好，对此我的妻子和孩子深有体会。然而，当我意识到脾气暴躁的后果时，我开始在每次发火的时候，在心里默念所罗门的话："柔和的回答使震怒消退，暴躁的话激动怒气。"我开始仔细比较两种选择的得失。继续用暴躁的话激动怒气，还是用冷静的语言、柔和的语调和友善的手势来使震怒消退？几乎每一次比较的结果都让我转向第二种选择，而我的怒气也由此消散一空。如果生气的人是我，我差不多立刻就能冷静下来；如果生气的是别人，我也会在一两分钟内使他们平静下来。有一次，我的一位合伙人在电话会议上对我大发雷霆，我非但没有冲他大喊大叫，反而压低了声音，强迫自己平静地回答他的质问。顷刻间，他的音量降低了，说话的语调也缓和了下来，他不再咄咄逼人，而是安静地听我解释。

我家里有4个孩子，想安安静静过一天简直是不可能的事情。不过只要我对他们说话轻柔，他们激动的情绪就会立刻平静下来，转变的速度之快常常令我惊诧。通常，柔和的话语有使怒火立刻消退的神奇功效。所以当你刚开始使用这种策略时，不要因为一时效果不佳就失去了信心。而且有些时候，如果你想安抚一个处在愤怒状态下的人，可能要多花几分钟的时间，用柔和的回答使他慢慢冷静下来。

一句忠告：如果别人认为曾经遭受过你无礼的冒犯，那么当你刚开始使用温和的语调跟他讲话时，反而会被误以为是虚情假意，或者只是推卸责任的诡计。这时你就要字斟句酌，一定要清楚地表达出你的歉意，以及愿意为此作出弥补的真切愿望。

言语可以伤人，也可以救人

大多数家长都希望自己的孩子自尊自信，情感丰富。然而，我却目睹了无数家长毫不留情地用刀子一样的语言去伤害自己的孩子。多数情况下，伤害往往发生在不经意间，仅仅因为说话时用的语调和手势，伤害就已经造成了；而另外一些时候，伤害则是狂风暴雨般的责骂。无论造成伤害的方式如何，都会在孩子心里留下一辈子无法磨灭的记忆。父母通常认为，只不过是口头上的责骂不会给孩子造成太大的影响，即便有，他们也会用“小孩的恢复能力很强”这句话来搪塞。更可怕的情况是，父母会为自己的粗暴言语辩解，称他们“只是说出了实话”，如果事实令人痛苦，那就接受这痛苦吧！所以，鉴于以上情况，我们应该重视所罗门所说的话：责备别人，你可以挑选上千种方式，但是在这几千种方式中，只有一种是正确的。错误的方式会造成心理的伤害，正确的方式才能保证心灵的健康。

最近，在录制美国公共广播公司（Public Broadcasting Service）制作的一期节目的时候，我向现场观众提出了一个问题：“你们之中有多少人小时候曾经遭受过父母的责骂？你们有谁迄今为止仍然对那时造成的伤害记忆犹新？”我的话音刚落，观众席上坐着的大多数人都举起了手。甚至有些老年观众还记得六七十年前自己受到的责骂。这个事例再一次表明，话语可以给人造成多么巨大的伤害。而且伤害一旦造成，它在人心中留下的烙印将永远无法磨灭。

所罗门说明智的男人和女人会用言语去医治别人。他在箴言中说："恩慈的话好像蜂巢中的蜂蜜，使人心里甘甜，骨头健壮。"之前他在箴言中也说："心中忧虑，使人消沉；一句良言使他人欢喜。"赞美之言、欣赏之言、鼓励之言、理解之言可以穿透人的心灵，医治人的灵魂。

如果你对此仍有怀疑，不相信仅仅说点鼓励的话就能影响人的身体健康，那么这里还有个证据。根据《今日美国》（*USA Today*）一篇报道中一项医学研究的证明，沮丧压抑的情绪会加重循环系统的炎症，从而增加人们罹患心脏病的风险。而其中另外一项研究则从反面入手，证明了同样的一个道理：善于处理人际关系的人，心情会比较愉快，引发炎症的概率也比较小。注意所罗门的原话，恩慈的话使"骨头健壮"。要知道，骨髓是我们身体里产生红细胞和免疫细胞的地方，而所罗门在没有微观生物学和临床医学帮助的时代就能一语中的。

言语重塑生命，重塑灵魂

在希伯来语里，安慰的原意就是"医治的"或者"有疗效的"。按照所罗门的意思，说安慰话的舌头是"生命树"。我喜欢这样的说法，不仅因为树本身就是有生命的，更因为它们还是别的生物赖以生存的基础。它们的叶子提供了可供我们呼吸的氧气，它们的果实给我们提供了食物，它们的根为我们防洪固土。说安慰话的人正像树一样，他们激励的话语不但改善了自己的生活，也可以为周围人带来好心情。

所罗门又接着说："奸恶的舌头使人心碎。"与安慰的话语相反的"奸恶"之言，会使人受到极大的伤害。如果我们说话时动机不纯，或者使用了含有恶意的话语，就可能使人心碎。而一旦别人受到伤害，不仅会影响你们彼此间的关系，还可能会给对方留下一生的阴影。

许多年前，我的一位好友终于忍受不了身心的伤害，与虐待她的丈夫离了婚。她对我说，言语上的辱骂比身体上的虐待更令人心碎，她的话让我很震惊。几年后当我们再次谈起这件事，她对我说："身上的伤痕用不了几天就可以消退，但是感情上的伤害却一直纠缠着我。”

一生之中，我们会面临无数次选择的机会：用言语去安慰人、医治人；或是用言语去伤害人。大多数人可能还没意识到，他们的言语和表达方式蕴涵着多么巨大的能量。所以，我们必须作出明智的选择，从而使自己和周围的人感受到最大的温暖。

言语能挽救人命，言语也能夺走人命

2005 年 3 月发生在乔治亚州亚特兰大市的一件事或许能最形象地诠释所罗门“生与死都在舌头的权下”这句话。事件的当事人布赖恩·尼科尔斯在谋杀了 1 名法官和其他 3 名平民后，强行进入阿什利·史密斯的公寓，将她扣为人质。后面发生的事已经广为人知了。史密斯把自己的希望、生活的愿景说给绑架者听，并给罪犯读了《标杆人生》(*The Purpose-driven Life*)［里克·沃伦 (Rick Warren) 著，杨高俐理译，道声出版社出版。——译者注］上励志的段落，她的话使对方的感情和心理发生了巨大的变化。最终，罪犯放弃了犯罪，向警方投降。史密斯的话不但救了自己的命，也救了罪犯和其他潜在受害人的性命。

我最好的朋友吉姆·肖内西，毕生致力用言语挽救他人的行动。任何人看到他都会高兴。无论与他谈话的对象是孩子还是大人，是男人还是女人，他似乎都能找到合适的话题使他们感到愉快和备受关注。也正是因为如此，他的好朋友几乎遍布天下。

言语能给人带来巨大的喜悦

有没有一幅美丽的图画曾经吸引了你的注意，让你忍不住驻足观看？还是让我们先在脑海中描绘一下吧，在所罗门的雄伟宫殿里陈列着无数美轮美奂的艺术品。我敢断定，在所有藏品里肯定有所罗门最喜欢的一幅图画或者一件雕塑，这件艺术品给他自己，还有他的客人带来无限愉悦。这件艺术品用银作底，上面镶嵌着金苹果。所罗门将良言比作这件艺术珍宝。他说，在合适的时间说合适的话，就像他最喜欢的这件宝贝一样美妙宝贵，愉悦人心。而且，这样说话的人还会得到别人的欣赏和感激。我是一个非常幸运的人，因为在我的一生中，我的周围总是围绕着懂得说话艺术的人：我的妻子香农，还有我的好友吉姆·肖内西、汤姆、马琳·德尔诺斯、斯莫利夫妇，还有我的合伙人鲍勃、约翰和戴夫·马什。在我伤心绝望的时候，他们都能用金玉良言帮我从痛苦中摆脱出来。每当遇到这种情况，我对他们的依恋和感激之情也就越来越深。

我们每个人都有利用言语表达爱意、仁慈、鼓励的能力。另外，所罗门还为我们提供了一系列增强这种能力的方法。

所罗门的交流诀窍

从表面上看，所罗门增强言语力量的策略可能没有什么新奇的地方，不过事实上，能做到这些却并不容易。

引发别人倾听的兴趣

对大多数人来讲，说话的意义就是想说什么就说什么。人们将心中所想所感脱口而出，毫不理会这些话是否有用或者是否合适。如果你希望自己所说的话能够真正打动他人，那就一定要注意说话的方式，要使用别人容易接受的说话方式。明智的男人和女人会花费必要的心思，以求使自己的话语更容易引发别人倾听的兴趣。

增强话语的说服力

所罗门在箴言中教导我们：不要想说什么就说什么；相反，要管好自己的嘴巴，知道什么时候该说，什么时候不该说。开口之前一定要三思。对某些人来说，这样做很容易。而对其他人来说就可能非常困难。说话谨慎有个明显的优点，那就是，当你不说话的时候，你可以聆听，这样做可以使你更加清楚地理解别人的观点和态度。

所罗门在箴言中还教导我们，要使自己的话更具说服力。人们有时候会将说服力和控制权混为一谈，这样就错得离谱。要想得到控制权，你必须不择手段劝说别人做那些对他们来说并没有太多益处的事情。而说服力则完全是另外一回事，它可以使你清楚而令人信服地向别人表明自己的观点，鼓舞他们为了自身的最高利益或者大家的共同利益而奋斗。

出口之前先聆听

还没等别人把话说清楚，就急于作出应答，这是既愚蠢又粗鲁的行为。我有一位非常要好的朋友，他就有这样的习惯，在我还没把自己的想法说完的时候就经常插嘴，就好像他已经等不及想替我把话说完一样。遗憾的是，他匆忙间所下的结论经常是错误的。虽然我十分熟悉他的为人，还不至于把他当成粗鲁的人，但是他的这种习惯确实影响了他的判断力。我自己也曾经犯过同样的错误，为此我对我的合伙人、我的朋友和我的妻子深感抱歉，尽管当时我并不是故意要对他们那样无礼。当你可以选择耐心听别人说完的时候，为什么要冒着犯错误的风险抢先说话呢？

语多必失，谨言慎言

为什么史上最明智、最富有的人如此不厌其烦地反复强调，要管好自己的嘴巴，不要急于说话呢？可能因为他自己高高地坐在王座上，冷眼俯看下面的蠢人，无论他们怎样装模作样，一开口就暴露了本质。我觉得他肯定是见过太多急于说话而暴露自己愚蠢本质的人。出口之言就像泼出去的水，无法再收回。所罗门比任何人都明白言语的力量，他说："谨慎口舌的，可保性命；口没遮拦的，自取灭亡。"据我所知，就有人因为说了不明智的话而遭到解雇，毁掉了自己的前程。

赞誉永远强于诋毁

无论当面还是背地里，尖刻地诋毁别人都是很容易犯的错误。我们会说，别人都这么做，以此想要使我们诋毁别人的行为合理化。但是无论基于什么理由，用刀去刺别人都是错的。这与所罗门说的，用不慎的言语这把利刃刺人是一样的道理。他说，明智的男人和女人利用话语帮助别人振作，治疗他们的伤痛，增强他们的自尊心。我们都有在办公室说闲话的劣根性，我们在受到别人攻击的时候，也会不自觉地用严辞怒斥来保护自己。所罗门却规劝我们抵制这些天性，不要说别人闲话，不要用尖刻的、可能造成伤害的话语去攻击别人。他恳请我们用积极正面的话代替消极负面的话。遇到三姑六婆说别人闲话的时候，不要参与传播流言飞语，而要表示你对那个人的善意和肯定。这时你就会惊奇地发现，刚刚还说闲话的人会多么神速地转而称赞那个人。

给别人留出表达观点的时间

很多人，一旦打开话匣子就很难停下，我就是这样的人。所罗门警告说，如果你在表明观点之后还喋喋不休，你就很有可能要开始说蠢话了。我在无数的场合下犯过这种错误。简练地表明你的观点，然后就保持缄默。所罗门说，愚妄人默不作声，也算是智慧。而一个语言干练、观点明确的人更会受到周围人的高度评价。

与人共享明言警语

所罗门强调了多次，少说话才能少犯错，然而在一种特殊情况下，他却鼓励我们多说。当代文化将真正的智慧当成一种珍稀的商品。果真有人具有真知灼见，所罗门建议他们说出来与他人分享。祖父母、父母亲、导师或者领导者更应当无私地将自己的经验告诉他们的孩子或者下属。

永远都说实话

最近一项对人力资源部经理的问卷调查揭示，占很高比例的求职者在他们的简历里夸大其词，甚至捏造个人信息。同样的事情也发生在营销行业里，看上去似乎所有的广告都是骗人的。为了赢得潜在的顾客，所有媒体制作的广告都在夸大产品的好处，忽略风险。即便在美国几家规模最大、信誉最好的公司，似乎也把彻头彻尾的谎言当成了家常便饭。

撒谎的人都自认为在智力上胜人一筹。然而所罗门却道出了事实：谎言永远是愚蠢的。美国安然、美国泰科公司与美国世通公司的总裁们自作聪明地以为他们“创造性的账目”天衣无缝，但是最终他们愚弄的只有自己。他们的谎言使他们自己、雇员和股东都损失惨重。即便“小谎言”也能招致严重的后果， 这一点马莎·斯图尔特（Martha Stewart）（马莎·斯图尔特曾是美国最早的女证券经纪人之一，媒体业巨头，曾被卷入一场证券欺诈交易案。——译者注）心里可能最清楚。

相对于谎言的愚蠢，诚实代表的就是智慧。它是我们建设生活的道德基础，我们毕生的声誉都仰仗于它。诚实使我们的配偶、孩子、朋友、雇主、同事还有顾客相信，我们是可以信赖的。诚实也可以让我们的生活更加轻松自由。

有效沟通，获益良多

如果你掌握了说话的艺术，一字一句掷地有声，并且极具说服力，所罗门允诺给你另外3种回报。

物质利益

我和史蒂文·斯皮尔伯格在同一所高中上学。虽然那时候我们都不是表现特别突出的孩子，但是成年之后，我们却都实现了各自“异想天开的梦想”。高中毕业18年后，当我们终于重新聚首的时候，我发现，我们两个人的生活，由平庸到成功的转变受到了相似因素的推动。我们都对自己的梦想进行了清楚而明确的愿景规划；都找到了了不起的导师和伙伴；都学会了如何说话更有说服力；还学会了如何进行有效的沟通。

如果你心里嘀咕：“那是啊，你们可都不是一般人。”那样你就想错了。无效的交流是人们生活中普遍存在的最严重问题，这点毋庸置疑。而一旦你学会了说话的艺术，能够进行有效的交流，你和你接触的人的生活将会因此受益无穷。就像所罗门说的那样：“人口中所结的果子，必使自己的肚腹饱足；他嘴里所有的，必使他饱足。”

快乐与满足

如果我说的话能使别人有所受益，我自己也会感到非常满足。如果我说的话能使我的孩子放下心中的包袱，我自己也会感到无限欣喜。所罗门说，在合适的场合说合适的话，会使我们感到“像吃了蜜糖一样”，这与杰基·格利森（Jackie Gleason）所说的一样。所罗门说：“人因口所结的果子必饱尝美物。”如果你所说的话不仅能给别人的生活带来积极的影响，自己也可以享受到无限的满足、欢乐和成就感，这是一种多么令人满意的结果啊！

周围之人的友谊

谁不想得到别人的尊敬、欣赏和友谊？所罗门承诺只要你热爱美德，并且把你的美德通过亲切得体的话语传达给别人，你就能得到所有这一切。甚至“君王”都要做你的朋友。虽然我没有遇到过“君王”，不过我的朋友里也不乏成功人士，其中包括美国娱乐界、商界和政界最优秀的一群人。在当代社会，这样的社会关系对任何人的事业都是不可估量的资源。像普通人一样，有地位的人也愿意与自己信任的人交往。这时，有效的交流能力就能帮你奠定与社会各界各层次人士建立友谊的基础。

增强说服力，“使真理更容易被接受”

所罗门指示我们，应当使自己的话更具有说服力，“使真理更容易令人接受”。关键问题就在于“如何”，如何才能说话有效和有说服力？基于 30 年的经验，我总结出了 3 种技巧，对于增强话语的说服力具有惊人的功效。我利用这些交流技巧制作的两分钟的广告获得了上百万笔订单和十几亿美元的销售额。在我的另一本书《找百万富翁做导师》（*Mentored by a Millionaire*）中，专门有 2 章内容详细讨论了这些交流技巧。你也可以登陆我的网站：www.stevenkscott.com 找到相关的内容概要。

智慧知识

我们说话的方式很大程度上暴露了我们的本质，然而通常情况下，我们却没有给予足够的重视。一天下来，请仔细回想一下，在这一整天的各种场合下，无论在工作过程中还是在家里，你都说了些什么样的话，什么地方说对了，什么地方说错了。这样坚持一个星期，总结出怎样改正错误的、发扬正确的交流方式，然后写下来。

日常交流检测表

我是否：

1. 用柔和的回答缓解了紧张的气氛、愤怒的情绪，结束了争吵？
2. 用尖刻的话语刺伤了别人？
3. 用激励的话语使人振作？
4. 在恰当的时机用恰当的话语给了别人鼓励和支持？
5. 想办法使自己所说的道理更容易令人接受？
6. 说服别人，而不是强迫别人接受自己的观点？
7. 先听后说还是不等听完就开口？
8. 与人谈论的都是明智而美好的内容？
9. 三思而后说还是急躁匆忙地表达自己的观点？
10. 说话内容真实，不夸大其词和误导？

第5章

The Richest Man Who Ever Lived

寻找你的智慧幕僚

为什么聪明、勤奋的史蒂文·K.斯科特在第10次创业的时候才有突飞猛进的业绩？

我们都知道要警惕坏伙伴，但怎样才能识别不可靠的人呢？

不经商议，计划必失败；谋士众多，计划可成功。

——箴言 15:22

05

Without counsel plans are frustrated,
but with many counselors they succeed.

——PROVERBS 15:22

 团队策略，最好的变速器

> 有一次我开着姐姐的车上了菲尼克斯市的高速公路。那时候，我刚刚拿到驾驶执照。我嫌开在前面的车速度太慢，换了车道，准备猛踩油门，超过那辆车。那时候驾车对我来说是很新奇的事情，当油门踩到底，汽车像被弹出去一样瞬间加速的感觉真是太刺激了。可惜当时情况有点不对劲，我踩了油门，变速器却没有像意料中的一样工作，我甚至没听到引擎加速转动的声音。于是我不停地使劲踩引擎踏板，汽车的速度还是没有增加，反而越来越慢。我瞟了一眼油压表，指针显示汽车已经没油了，我的心情一下子跌落到了谷底。如果你曾经遇到过这样的情况，想加速的时候发现没油了，你肯定能够体会我当时的心情。然而与这相比，我连续踩油门却没有任何反应时的那种无助感更让我难以忘怀。

如果缺少了变速器，即使是性能最好、价格最高的赛车都失去了意义。不管马力多大的发动机，没有变速器的帮助，也只是一堆废铁。一旦有了变速器，汽车不但可以开动，还可以越开越快，让你能尽早到达目的地。同样，如果得不到所罗门的“变速器”，你肯定无法在一段合理时间内实现你异想天开的梦想。实际上，你很有可能就这样一直碌碌无为，生活毫无进展，就像世上大多数人所做的那样，一天天

消耗生命，直至完全放弃梦想。所罗门的“变速器”可以改变这一切。如果使用正确，它可以以你难以想象的速度，加快你实现目标和梦想的步伐。

遗憾的是，很多人并没有好好利用这个“变速器”加速追求自己的梦想，他们选择了虚度年华。事实上，历史上曾经获得非凡成就的人，在实现梦想的过程中，无一例外都用过这个变速器。与之相反，不用的结果就是一事无成。这个变速器到底是什么？它就是所罗门的有效的团队策略。

找到你的智囊

在第 1 章，我们已经讨论过，所罗门获得勤奋的四步策略之一就是有效的团队精神。从严格意义上讲，你不可能在不具备良好的团队精神的情况下做到真正的勤奋。所罗门用过不少词语来表达这个意思，不过用得最多的还是要数“顾问”和“指导”。我很欣赏他的选词能力，因为这两个词蕴涵了比我们现在经常使用的“伙伴”更广泛的含义。当我们说到伙伴的时候，我们通常理解为法律意义上的合伙人。而另一方面，顾问指的却是任何为了我们正在努力的目标给予必要的建议、参考、指导和帮助的人。顾问可以是法律意义上的合伙人，也可以是一位朋友，或者你的配偶、同事、你所器重的雇员、导师，甚至某位作家。从这个意义上讲，当你开始学习所罗门的《箴言集》时，它也成为了你的顾问。当你开始遵循他的建议行事时，他就成为了你的伙伴。换句话说，有历史上最富有、最有智慧的人做你的幕僚，你便有了不可比拟的优势。

> 伙伴或者顾问：就是在你实现某个计划、目标或者梦想的过程中，能够为你提供必需的洞察力、建议、智慧或者实质帮助的人。

可悲的是，大多数人不被逼到无可奈何的地步，就总是以为自己能够解决一切问题。只有遇到实在无法独立解决问题的时候，才会寻求顾问或者伙伴的帮助。这个毛病在男人身上尤为突出。通常情况下，即便在一座完全陌生的城市，男人宁肯彻底迷路，也不愿意找人问路。

在这方面，所罗门比大多数人都睿智。他在没有寻求别人建议的情况下，绝对不会考虑采取任何实质性的行动。为什么所罗门能如此洞悉我们大多数人都忽略的问题？因为他非常清楚，想要尽快获得成功，智者良友能给我们带来决定意义的帮助；他也清楚，有效的团队意识能带来无穷的益处。与之相比，自认为不需要顾问和伙伴帮助，可以独立解决问题的想法是多么愚蠢。

避免单打独斗

我们经常听别人说“我已经尽了最大努力”这样的话。光是我亲耳听到的就不下1 000遍，版本可能稍微有些不同。“我没有别的办法了”、“这样的结果已经很不错了”、“这超出了我能力所能及的范围”或者“我一辈子也做不来”。从某种程度上讲,这些话或许都有些道理，至少它们反映出一个人自身的力量是有限的。但是，这些话同样也完全是错误的；假若他们能够借助顾问和伙伴的力量，他们完全可以使不可能的任务变为现实。所罗门警告说，能不能借助别人的力量，会从根本上影响一个人成就的大小。以下就是所谓的“单打独斗”可能造成的后果。

计划落空

1974年，我开创了自己的销售咨询公司。那时候，我们只有唯一一家客户，公司收入主要来源于那家房地产开发公司。7个月后，就连那家公司也因为申请破产而从我们的客户名单上消失了。余下的资金只够我们公司运作4个月。所以，虽然那时候我脑子里已经有了两个绝好的赚钱点子，却因为资金短缺，只能先选择其中的一个。在第1个月里，我对两个创意作了调研并写出了计划。在其中一个创意的可行性上，我征询了另一个人的意见，他告诉我这个计划肯定不会成功，于是我迅速放弃了这个计划，集中精力开发另一个创意，投入了我口袋里的每一分钱。这个计划的主干是在菲尼克斯新兴的社区里建立一个导购系统。这一次，我没再请教任何人，也没有寻找其他合作伙伴。虽然我尽了最大的努力，投入了能调动的所有资金，还没等到进行市场测试，就花光了所有剩下的钱，彻底破产了。当时我的情况实在是糟糕到了极点，差点儿难以维持生计，甚至都没钱给妻子和3岁的女儿买吃的。还好教区里许多好心人家会悄悄地在我们门前放上几袋食品。

所罗门告诉我们，没有别人的帮助，我们的目标、计划或者行动都会遭遇挫折、失望甚至彻底落空。那一次，我就经历了所有这些失败。无论在私人生活还是事业方面，如果一开始就确信某项计划不会成功，就没有人会再去筹划实施它。但是，事实却是，70%的公司在开业的第一年都会赔钱。每一对走向婚姻殿堂的新人虽然都真诚地抱着“从此幸福地生活在一起”的美好心愿，但是实际上50%的夫妻却都以离婚告终。然而，如果在创业之前或者结婚之前我们能听取一下别人的意见，失败的概率立刻就会降低2/3。

跌倒在地

你曾经有过跌倒在地的经历吗？没有人会在事先有所准备，摔倒都是出乎意料的。有一次，我没有留意路上结冰了，脚下一滑，就倒在了地上。我还记得当时那种惊慌失措的感觉，倒下去的那一刻，我在想，但愿身上比较柔软的地方先着地，千万不要让脑袋先着地啊。但是我对自己的身体已经完全失去了控制，根本无法决定着地的方式。比较幸运的是，当时是我的手先着地，然后才是头。结果我的双手手腕都被扭伤，脑袋上撞出一个高尔夫球大小的包，除此之外就没什么大碍了。然而，罗伯特·阿特金（Robert Atkins），著名的阿特金饮食法的发明者就没有这么幸运了。当他走出家门，走下楼梯的时候，我敢说，他绝对没有意识到自己的生命马上就要走到尽头。他毫无防备地踩到了一块冰，摔了下来。着地的时候，他的头部承受了巨大的冲击力。虽然纽约最好的医生尽了最大的努力抢救，但他最终还是没有恢复意识，几天后死去了。

所罗门告诉我们，没有别人的建议，你就会摔跟头。跌倒为什么会令人心悸？因为你无法预测它的发生，一旦发生了，你也无法控制形势，只能眼睁睁地等着自己受到或轻或重的伤害。所罗门所谓的“摔跟头”具有同样令人惧怕的后果。他说，如果没有寻求他人的建议或者伙伴的帮助，迟早你都要跌倒，这只是时间上的问题。换句话说，工作中不求建议，会导致事业失败；婚姻中不求忠告，会导致苦恼与痛苦；生活中不求长辈训导，会导致犹豫畏缩；生意上不寻求钱财上的劝告，那你的生意只能以失败告终。

失去金钱和尊严

在我的创业生涯中，曾经遇到过3次投资机会，表面上看它们都是千载难逢的赚钱良机，我对这些投资的成功都深信不疑。于是我没有听从财务顾问的反对意见，我忘记了所罗门给出的警告：“轻忽管教和建议的人，最终必然导致穷乏受辱。”这3次投资，几乎每次都让我倾家荡产；每次都把我推到破产的边缘；每次都让我在家人和朋友面前抬不起头。尽管如此，凭借良好的团队精神和意想不到的运气，我每次都从损失中恢复了元气。

然而我的一位朋友却没有这么幸运。他本来拥有一家餐馆，却因为不听劝告，一意孤行，非但没有达到目标，最后还彻底失去了自己的餐馆和一切。更糟糕的是，在众多投资者毫不知情的情况下，他逃离了美国，彻底失去了名誉。假如我和他当初都能谦逊一点，留意一下别人的建议，我们都不至于在经济上遭受损失，也不会感到羞耻。

可靠的合作伙伴会带给你丰厚的回报

所罗门认为，一旦有识之士能为你所用，你人生中的目标便不难实现。一个可靠的合作伙伴，其实就是起决定性作用的那个因素。

当我丢掉了 7 份工作和经历了 2 次创业挫折之后，我找到了一位被我看作导师的人，并与他合伙开始了第 10 次创业。后来他又拉来了其他几位合伙人，我们的业绩突飞猛进。我们创建了几十家公司，创造了十几亿美元的销售收入和上千万美元的个人收入。从这个意义上说，无论怎样高度评价伙伴的作用都不为过。

降低风险

单方面的意见不足以帮助我们避开失败的风险。所罗门认为，如果我们想在某个重要问题上找到最佳的解决办法，我们需要全面地征求多方建议。一位和我关系很好的邻居被我们当地的医生诊断为晚期癌症，医生们说她只剩下 6 个月的生命，让她赶快准备后事。然而，得克萨斯州的一位朋友知道此事后，将她带到休斯顿求医。在那里，经过专家一段时间的治疗后，她终于得救了。10 年后的今天，她已经成功地摆脱了癌症的困扰。尽管已经 74 岁高龄，她仍然是我所见到过的最有活力、受人爱戴的老太太。

在事业上我也可以举出同样的例子。我共有 8 个合伙人，

1996年，因为前一年营销上的失误，我们处于濒临破产的境地。那时，我们只剩下最后一次放手一搏的机会。刚开始我们对一个计划进行了测试，市场结果却并不是特别理想。我们对是否扩大规模，将这个营销计划推广到全国范围存在疑虑。最终，戴夫，我的8个合伙人之一，提出的两个想法使事情发生了转折。确切地说，正是他这两个想法，使我们百万美元的损失变成了十几亿美元的赢利。假如我们8个合伙人中缺少了戴夫，公司肯定会破产。合伙人众多不但使我们的公司更加稳固，在以后的几年里还给公司带来了上千万美元的收益。

所罗门说："你要凭着智谋去作战；谋士众多，就可得胜。"从字面上看，所罗门是在讨论战场上的策略，不过他的建议可以被用到所有活动和竞争中去。有所行动之前征求有价值的建议，会让你更加理智地选择合适的战场，并且赢得最终的胜利。生活中，我们也经常会在一些鸡毛蒜皮的小事上与配偶、孩子或者其他人发生冲突。这时候，旁观者的客观意见通常会帮助我们认识到问题的症结所在。他们会帮助我们分析冲突的原因并且找到最佳的解决办法。毫无疑问，所罗门正是这样一位最理想的顾问。在第8章，你将看到他的建议是如何帮助人们解决冲突的。

睿智聪慧获益余生

在我24岁的时候遇到了鲍勃·马什，25岁时遇到了加里·斯莫利，他们是我所见过的最睿智的人。我很庆幸有他们做我的顾问、合作伙伴和导师。我之前说过，正是加里将所罗门的《箴言集》介绍给我，他的真知灼见还帮助我处理了许多生活上和事业上的问题。对我来说，鲍勃·马什就像父亲一样。他在3个月内教给我的商业知识比我在商学院学习4年再加上在商场上摸爬滚打6年学到的总和还多。他们的好建议不仅在当时发挥了作用，其中蕴涵的智慧和真理没有一天不让我受益匪浅，迄今都还支持着我。

义人相助，摆脱困境

人的一生总会经历一些考验和意想不到的磨难，或早或晚。所罗门说出了显而易见却又常常被大多数人忽略的一点，那就是有一个好伙伴在身边，失利的时候有人帮你；如果你孤身一人，暂时的挫折就可能导致彻底的失败。

扭亏为盈

1979—1985 年，我和我的合伙人为一家小型人寿保险公司制作了许多电视广告。两家公司签署了一份协议，由我们公司专门筹集制作广告的资金，而对方可以直接向慕名而来的消费者销售保险产品。我们的协议规定,广告所得的销售利润五五分成。到了 1985 年，那家保险公司被一家外国公司收购，而新的公司拒绝支付我们那一半收益。他们采用“打官司拖死我们”的策略，因为他们知道我们没有能力支撑 5 ~ 10 年的漫长诉讼期。这件事给我们的打击是毁灭性的。他们不但不再支付我们应得的利润，而且没有偿还我们替他们预先筹集的几百万美元广告制作费用。我们曾经凭借良好的信誉，在上百家电视台为他们播出了广告，现在这笔播出费用也落在我们头上。

庆幸的是，当时我们正好吸收了公司的第 7 位合伙人，他是一位极其聪慧和高尚的人，他曾经担任过一家保险公司的总裁。他一进公司就主动慷慨解囊，花光了自己的积蓄先稳住电视台这边。然后，他又奇迹般地与另外一家保险公司谈妥了一份合作协议。我们终于争取到时间为新的客户制作了电视广告，再用挣来的钱还清了欠电视台和他的欠款。他的帮助使我们公司渡过了危机。在这个事件里，我们8个合伙人，拧成一股绳，齐心合力，我们的团结使我们摆脱了被打败的命运。而且我们制作了更多的广告产品，打败了许多竞争对手。在很多年里，没有一家上市公司比我们更具活力。假设没有伙伴的雪中送炭，公司早在20年前就破产了。

更大成功，皆有可能

所罗门相信凭一己之力，不管你能获得多大成就都在意料之中。而一旦有了可靠的伙伴，你就能获得以往连想都不敢想的成功！在追求最珍贵梦想的过程中，大多数人茕茕独行。究其原因，正是因为他们没有意识到，伙伴是成功的巨大助力。

大学毕业后5年时间里，我一共受雇于8家公司。在做这些工作的时候，我都是用"一切靠自己"的信念。每一份工作做的时间都不长，也没有什么表现可言。每月工资也从未超过1 000美元。然而，从第9份工作开始，因为有了一位兼职顾问，我的工资一下子涨到了每月1 500美元，我们一起使公司的销售额翻了一番，从每年3 000万美元上升到6 000万美元。我与那位良师益友创建了自己的公司，成为正式的合作伙伴，那是我的第10份工作。同年，我们又吸收了另外4名合伙人。

究竟所罗门保证的"连想都不敢想的成功"有没有在我们几个人身上应验？我的第10份工作持续了29年，而我每月1 000美元的收入也直线上升到了每月60万美元。这样的结果算不算"连想都不敢想的成功"呢？

可能这时你又会说"那当然啦，你和你的合伙人本来就有许多筹码，成功是顺理成章的"。这种想法太荒谬。我们公司刚开始的时候，我只是一个27岁一事无成的失败者，没有做成过一个成功的电视广告或者促销计划；而我的第一位合伙人是一个濒临破产的52岁实业家。

其他合伙人的经历更是五花八门：27 岁的驯狗师、24 岁的采油工人、24 岁的印刷估价员和 19 岁的便利店职员。几个人中，我这个唯一的大学毕业生却是经历最多挫折的人。组建这个团队的时候，没有人会想到我们竟然有如此巨大的潜力，不但建立了几十家资产上千万美元的公司，更创造了十几亿美元的销售额。这很自然，因为作为个体来说，我们都不具备那样的潜力。而作为一个团体，成功才有可能。它们之间的差别恰好体现了团队不可思议的力量。

识别不可结交之人

每次当我的演讲涉及良好的团队会给人带来不可估量的回报时，总会有观众给我讲述一个因为听信他人反而受害的例子。通常，他们举这样的反例是为了证明与人合伙是不明智的行为。但是所罗门从来没有要求我们随随便便就与他人合作，相反，他告诫我们选择伙伴时要多加留意，要与那些具有良好品质的人结盟，他说："遭遇灾难的时候，依靠奸诈的人，就像依靠坏牙和不稳的脚。"

我邻居家的男孩曾经去过乌拉圭一个偏远的山村，吃饭的时候，他被一颗藏在豆子里的沙子硌了牙。那孩子是大学橄榄球队的中后卫，比赛的时候不知道受过多少次伤。但是他告诉我，那些都不能与硌到牙的疼痛相比。不稳的脚与坏牙一样糟糕，每走一步都伴随着酷刑一样的疼痛。在这两种情况下，你已经痛得这么厉害了，怎么可能作出任何创造性的结果来呢？

这两种比喻反映了，如果选择了不合格的伙伴你会遇到什么样的情况。一旦在婚姻和事业上遇到了不负责任的人，你的生活就会变得一团糟。什么样的人是我们不能信任、不能当作顾问和伙伴的？所罗门给出了七种特征，作为不可结交之人的红色警告信号。

道德低下，品行不佳

所罗门说这句话时，心里想的并不仅仅是那些字面意义上偷窃别人财物的盗贼。对他来说，所有为了满足自己的欲望和野心，轻视、镇压或者丢弃诚实品质的人都是盗贼。如果一个人没有诚实纳税、对妻子不忠，或者在上班时间做私事，那他就将自己降格到盗贼的水准了。他们与那些扒窃别人钱包、偷人家汽车或者抢劫银行的盗贼性质一样。两者之间唯一的不同在于不诚实的目的和程度。今天他可以欺骗别人，明天就可能对你或者你的客户不诚实。虽然每个人一生中都不止说过一次谎话，不过大多数人都会对此感到羞愧。通常情况下，他们说谎只是偶然的一次例外，他们的日常行为还是守规矩的，这样的人并不是所罗门提醒我们要警惕的人。他认为我们真正应该要警惕的是将说谎当成家常便饭，而且每次都能为自己编造出一个貌似合理的理由来开脱的人。如果让这种人成为我们的合作伙伴，我们也会受到牵连，变得声名狼藉。

人的品格非常重要。道德品质应该是我们选择合作伙伴、配偶或者顾问的第一标准。我最好的一个朋友，他的家庭就毁在一个寡廉鲜耻的婚姻问题专家手里。这个所谓的专家在发现我朋友妻子的出轨行为时不闻不问，没有及时采取措施，导致我朋友的妻子为了别的男人离他而去。那个男人却因为不愿意承担责任转而遗弃了她。最终，由于他们选错了顾问对象，我的朋友、他的孩子们甚至他的前妻都付出了沉重的代价。

焦躁易怒，阴沉不善

假若人们对所罗门的告诫稍微多加一些注意，多少家庭可以避免破裂的命运？加里·斯莫利博士说过，愤怒是导致关系破裂最重要的因素。每个人都会偶尔发发脾气，然而所罗门所说的这种人动辄发怒。暴躁已经渗透到他们的骨子里，成为他们性格的一部分。这些人暴躁易怒，因为他们永远无法有效地消除发怒的源头。在第10章，我们再来介绍所罗门关于发怒这个问题的深层次见解。在这里他只是告诫我们不要与一个容易发怒的人建立任何形式的联系或合作关系。一个暴躁易怒的人一旦发起火来，会把任何道理、责任和良知放在一边。他们的脾气迟早会让他们吃大亏，而作为合作伙伴，你也会跟着倒霉。

所罗门并没有要我们像避瘟疫一样避开这种人，他只是警告我们不要与他们建立任何形式的相互依赖关系。

无知愚蠢，荒谬滑稽

所罗门告诉我们，智慧之人的明智建议和忠告不但可以解决我们当前的问题，我们整个一生都会从中受益良多。同样，如果向愚蠢的人寻求建议，他的愚蠢也会影响你一辈子。与所罗门所说的蠢人为伍，我们将失去辨识真理的能力。换句话说，我们将会变得善恶不分，好坏不辨。在看过上百部传记和企业的“发展史”个案之后，我百思不得其解，为什么如此多的企业主管会做出难以想象的蠢事。不管在个人生活还是在公司决策上，看上去很精明的人也会判断失误，作出糟糕的选择。很多情况下，这样的错误都源于他们结交的那些蠢人，包括彼此有合作关系的其他主管，还有顾问或者朋友。

不劳而获，终受其累

社会上每个圈子里都不乏一些人，整天鼓吹掌握着“千载难逢的机会”。他们口舌如簧，天花乱坠地把这些“机会”描绘成天上掉下来的馅饼，你只需要投入一点资金和精力就能获得巨大的回报。所罗门警告我们不可听信于这种人，更不能采用他们的建议。既然不可以按他们所说的行事，肯定也不能与他们有任何委托和合作上的牵连。所罗门警告说，与这样的人为伍带给我们的只能是“贫穷”。我曾经忽视了这个警告，在一个人许诺的丰厚回报面前动了心，借了几百万美元投资到一家公司，原说只需要3～6个月时间，公司就会上市，然后我就可以坐收4倍以上的收益。然而，现实完全不是那样，8年过去了，那家公司最终破产了，我的几百万美元再也拿不回来了。

被卷入“迅速致富”这个陷阱的并不都是百万富翁。一些人在电视上鼓吹他们的暴富诀窍，说什么只要你寄给他们几百元钱，就可以将这些诀窍传授给你，然后你就能在房地产、股票之类的投资中获得大笔财富。不劳而获的机会，或者鼓吹这样机会的人都是不可信任的。如果你轻信了他们，那么现在就请你悔悟吧，远离他们的影响。

阿谀谄媚，溜须拍马

真心称赞和阿谀奉承之间有什么区别？所罗门将希伯来语中表示称赞的词直译为“赞同”，而用“花言巧语”作为奉承的同义词。奉承指的是，用“花言巧语”使你的自我无限膨胀；而称赞指的却是，对你的优秀品质和对你所做的有意义的努力和行为表示肯定和赞同。遇到花言巧语的人，你可要留神了。那一次，我之所以会相信那个宣称投资后即可获得4倍回报的人，部分原因也是因为他在一个星期之前当着许多人的面十分殷勤地奉承了我。尽管我妻子当时就对他的那番花言巧语不以为然，不过我的自我意识却被他吹捧起来了。他放出了钓饵，几乎钓空了我的银行账户。那次背上的债务险些彻底毁了我的前途。

闲言妄语，搬弄是非

所罗门也不信任夸夸其谈的人，他们嘴上能说却从不付诸实施。他对说谎的人、说闲话的人、溜须拍马的人和暴露别人隐私的人尤其深恶痛绝。他提醒我们要留神别人嘴里说出来的话。因为一个人所说的话正代表了他的为人。如果你从他们的话里发现了以上那些特点，决不能任由他们摆布，不要听信他们的建议，也不要与他们合作。在我读《箴言集》之前，我曾经的两个助手其实就是这样的人，虽然她们是我在不同时期雇佣的，但是她们都喜欢传播流言飞语、说大话和奉承。结果，其中一个不但偷了价值几千美元的公司产品，还对外随意编造她在公司的职位；另一个用公司的信用卡为私人购物，花掉了10多万美元，最终只追回了一半。我真希望我在雇这两人之前就看到这条箴言！

离经叛道，不遵纪守法

有些人自认为凌驾于法律之上，好像社会上的道德规范和法律准则并不是为他们所设的一样。你有没有见过这样的人？可能有这样特点的人感觉上不会有什么害处，然而事实并非如此。只要一个人显露了这种倾向，他做任何事情都能够为自己找到借口和理由。他们往往都有不小的成就，这使他们更加危险。因为我们通常被他们非同一般的履历和成就所吸引，从而忽略甚至认可他们性格中的这一面。所罗门警告我们，无论这些人看上去有多风光，切不可与他们建立任何形式的信任和合作关系。就连权威、规则和法律他们都可以不当回事，你又凭什么认为他们不会对你、你的雇员和你的顾客恶语相向，毫无顾忌呢？

所罗门的七个建议

既然听从良师益友的建议会带来如此多的好处，误听误信会导致这么惨痛的后果，那么在追求我们人生重要目标的时候，能否选择好的顾问和伙伴就显得极为关键。下面列出了几条建议：用所罗门给出的七种红色警告信号，筛选所有可能成为顾问或者合作伙伴的人，一旦有人符合其中一项特征，立刻将其从可以结交的人员名单上除名。

建议 1：若你需要在某一具体领域寻求指导和建议，在听取别人的建议之前，先仔细考察一下他们的生活轨迹。他们在这一领域有什么样的经历？举例来说，如果一个心理专家自己的婚姻问题都解决不了，如何指望他给你的婚姻问题提出有效的建议？这是最起码的道理，竟然还有那么多人不明白，仍然相信那些连自己的事业和家庭生活都搞得一塌糊涂的人。拿出你应尽的努力来，亲自考察一下你的顾问，要知道，他们可能正在毁掉你的生活。

建议2：分析自己的优点和弱点。你一般不会需要一个和自己非常类似的人做合作伙伴。

建议3：你要知道自己的弱点，知道自己在什么方面不具备必要的知识和能力，然后才能有针对性地寻找伙伴和顾问。明确自己需要的人到底应该具有什么样的才干、能力和优点，才能与你形成互补。

建议4：可能的话，寻找与你志同道合的伙伴。作为你的伙伴，他不但需要拥有与你一致的愿景，还要给予这个愿景充分的认同与信心，甚至沉迷于此。

建议5：好的合作伙伴一定会全身心地投入到大家共同的奋斗目标上。如果你的合作伙伴三心二意，哪怕你再投入，我敢保证，这样的合作也不能长久。先看看他以前的表现，究竟他与别人的合作都很短命，还是他自始至终都为了大家共同的利益尽心尽力？

建议6：你潜在的合作对象生活态度是否积极向上？消极的人通常不会成为好的伙伴。虽然他并不一定要和你一样积极乐观，不过，如果他习惯性地否定或者驳斥别人的观点，凡事总往不好的方面想，那么当他发现形势比较艰难，或者事情并没有按预定方向发展的时候，他很有可能逃之夭夭，将整个烂摊子丢给你。

建议7：留心查看你潜在的合作对象的本质和天赋。他或她是空谈者还是实干家？注意他们亲自做了些什么，而不是他们让别人做了些什么。

无论你在个人生活还是事业上取得了多大的成就，有一点毫无疑问：有效的团队和顾问会使你获得更大的成功。即使明明知道在寻找合作伙伴的过程中会遇到许多不称职的人，我也绝对不会因为担心受到他们的牵累，而在创业的路上孤独而行，我宁肯在遇到许多坏伙伴之后继续寻找，直到找到好的伙伴。而且有了所罗门的建议，你就有能力尽可能地远离坏的影响，选择合适的人与之合作。

智慧知识

确定和选择你的导师：几点建议和窍门

我们可以选择的最重要的合作伙伴之一就是导师。导师在某一领域，无论是生活领域还是事业领域，已经取得了骄人的成就。

如果你想在同一领域有所建树，寻求他们的指导就会让你事半功倍。下面就列出几条建议和窍门，许多人用过之后都感到有所帮助。

1. 确定你生活中哪个领域或你在实现什么梦想的过程中需要一个导师。你需要他引导你整个职业生涯，还是只是工作中的某个具体领域或者专业方面(例如，管理技巧或营销技巧)？

2. 在你下定决心要有所作为的领域中，挑出那些有可能成为你导师的人，列出一个名单。在你期望有所改进的领域中，挑出那些你尊敬的，有可能为你提供建议、增强你洞察力和智慧的人，列出一个名单。每个名单的首位都应该是你第一时间想去找的人。

3. 在第一张名单上，由上到下，写下你与每位潜在的导师现在的关系（老板、朋友、熟人、朋友的朋友、陌生人等）。

4. 无论出自你的亲身体会还是间接听说到的，把所有你所知道的关于他们的资料都写下来。

5. 尽你所能调查了解他们的生活。他们都喜欢什么，讨厌什么？什么能激起他们的热情？他们如何利用工作和业余时间？他们生活的动力是什么？

6. 如果你与他们没有太多直接接触的机会，那你是否认识与他们相熟的人？如果有，仔细了解那个人。因为他可能成为你与导师之间取得联系的桥梁。

7. 做好与潜在导师联系的准备，可以打电话，也可以写信，简略地提出你的建议或请求。无论用哪种方式联系，之前一定要准备好你的建议和请求。如果你是通过介绍人与他们联系的，你在开头的时候就一定要提到介绍人的名字。此外，着力称赞他们那些你最看重的优秀品质，并且简单解释一下，为什么这些品质对你来说如此重要，从而表达出你是如此地渴望他们的见识与智慧能够帮助到你，以及你是如此希望他们的这些优秀品质也能成为你生命中的一部分。最后请求他们每周或者每月拨出一点时间（一起用午餐、早餐，工作休息时喝杯咖啡或者打一场高尔夫），以便你可以请教他们一些问题，帮助你在某个领域的成长。

8. 进行联系。没有什么比面对面的接触更有效的学习方式了。不过，由于你潜在导师的具体情况，面对面接触可能不是很现实。如果不能面谈，你可以退而求其次，选择用电话与他们联系。如果这两种方式行不通，再考虑给他们写信。无论使用哪种联系方式，注意措辞一定要简洁明了，切中要点。有能力担任导师的人（除非已经退休）通常都很忙碌，如果他们认为与你联系下去会浪费很多时间，他们要么会直截了当地拒绝你的建议，要么就会尽量避开你。

9. 后续联系。你取得与导师的初步联系之后，再写一封简短的感谢信，对他们的建议提出你自己的看法。

10. 依次与名单上列出的潜在导师进行联系。如果你首选请教的人拒绝了你，试图找出原因。然后按照同样的程序与名单上的下一位导师进行联系。

第6章

The Richest Man Who Ever Lived

追求发自内心的、经久不衰的幸福

为什么霍华德·休斯拥有了金钱、权力、名誉和风流韵事，仍然过得不快乐？

阻止人们获得幸福的根源到底是什么？

心里喜乐就是良药；心灵忧郁使骨头枯干。

——箴言 17:22

06

A joyful heart is good medicine;
but a broken spirit dries the bones.

——PROVERBS 17:22

你想要的是什么

科学家们最近研究出来的成果验证：真正的快乐可以保持身体健康。当代医学研究表明，保持心情愉快的人患心脏病、癌症和其他疾病的概率比一般人都小。最新研究同时证明，感到沮丧的人循环系统炎症发生率比一般人要高，而这正是导致心脏病和中风的主要因素。总的来说，在同一年龄段，沮丧的人的死亡率是快乐的人的两倍（统计数字不包括自杀）。研究也表明，患同样的疾病或经历同类型的手术后，快乐的人比沮丧的人恢复要快得多。

那么怎样才能快乐起来呢？

如果给你一次选择机会，让你一生都可以拥有一样东西，你会选什么？财富？美貌？健康？长寿？美满婚姻？更好的工作？完美的事业？到底是什么？

如果你选“财富”，我会问你：“如果没有健康，要财富有什么用？”如果你选“健康”，我又会说没有一个喜欢的或者赚钱的工作，哪怕身体再健康生活也会十分悲惨。无论你选哪个，我都可以举出实例来证明，即便拥有了这种东西，也有人会感到不快乐。霍华德·休斯（Howard Hughes）就是这样的人，他可以说是拥有了一切：金钱、权力、名誉和风流韵事。然而你看他过得怎么样？

> 幸福是发自内心的，持久、绵长、经久不衰的快乐。

实际上，我们想要更多的钱、更漂亮的相貌、更健康的身体、更赚钱的工作、更美满的婚姻，甚至更长寿的生命，这些都只是获得幸福的手段，不是幸福本身。你真正想要的东西不是别的，就是幸福。

是什么阻止我们得到幸福

所罗门在早年就发现了幸福的源泉，那时他的智慧还没有被他的傲慢自大所代替。他不但发现了什么能使我们获得幸福、保持幸福和变得更加幸福，同时他还发现了阻止大多数人获得幸福的主要根源。

浮华虚荣

随着财富的增长，所罗门的傲慢自大也一天天膨胀起来，终于使他将智慧和曾经珍视的真理弃之不顾。他完全放任自己，为所欲为，骄奢淫逸，玩物丧志。当他快走到生命尽头的时候，他把自己的这些行为统统称为虚荣心的表现。虚荣的表面看起来的确绚烂辉煌，但是一旦深入其中探究却是一无所有。临死的时候，所罗门总结出了这个真理：妄图通过追求那些缺乏永恒意义和价值的东西来获得幸福，只能像水中捞月，化为空想。无论怎样的物质享受都很快会失去吸引力，而它所带来的短暂快乐最终也会消散。

永不知足

“你不明白我的情况。”我经常听到人们用这样的话解释他们不快乐的原因。

所罗门却说，无论你有多少理由感到不满足，都应该有更多的理由令你心怀感恩。他指出，我们应该为了耳朵能听到、眼睛能看到而心怀感激，因为它们都是天赐的礼物。你可能会奇怪：这句话跟知足有什么关系？关系可大了！我的工作涉及电视制作，因此我敢说世界上还没有发明出任何能与人的眼睛相媲美的镜头和堪比人耳的设备。人的眼睛和耳朵，还有我们身体的其他部分，就足以令人惊奇感叹。所罗门的意思是，不需要想太远，仅仅拥有我们的身体，就足以让我们感恩了。任何人造的泵都无法与我们的心脏相提并论，也没有任何电脑能与我们的大脑相比，而且人的这些身体功能都是可求而不可得的。多少人生来就是不幸的，他们无法正常地使用自己的眼睛、耳朵和心脏。我们生命中所拥有的一切，我们活着度过的每一天，尽管看上去理所应当，其实都值得我们感谢上天。

知足常乐。拥有一颗感恩的心，你就会感到快乐。只要有一秒钟、一小时、一天或者一星期的时间，你感到不快乐，那么在这段时间里，你一定没有注意到你的这些天赋。就让你的不愉快成为你的警钟吧，让它把你的注意力和精力重新拉回到生命的最初。如果你想永远欢乐，那就请遵从所罗门的建议：想想自己应当为什么而感到知足，把它们列出来，然后每当感到自己快要变得不快乐时，立刻将注意力转移到这些宝贵的东西上面来。

嫉　妒

“如果我有他（或她）拥有的一切，我肯定会很幸福。”我们都有过这样的想法。当我住着租来的公寓，没什么钱的时候，我羡慕那些生活富足、有自己的房子的人。当我买下了我们的第一幢房子，我又羡慕那些拥有更大更豪华房子的人。当我还开着1961年产的斯图贝克（Studebaker）牌小轿车时，我羡慕那些拥有款式更新、性能更好汽车的人。当我的婚姻产生问题的时候，我羡慕那些家庭幸福的朋友。无论我获得或拥有了什么，似乎总会有人比我活得更好、拥有得更多。虽然我已经腰缠万贯，有着满意的工作和温馨的家庭，然而当我看到一位成了著名导演的高中同学比我还有钱时，我仍然会眼红。有一天我重读了所罗门关于嫉妒的箴言，终于恍然大悟，他说，嫉妒比怒气更加具有破坏性，它与快乐是不可能共存的。当我羡慕别人的时候，除非我能想办法调整心态，否则永远不可能获得持久的快乐。

为什么会这样？因为嫉妒蒙蔽了你的双眼，使你看不到自己所拥有的一切，它只让你注意自己所没有的东西。它反映的是内心的自大与难以满足的欲望。嫉妒的人终会被烦恼和沮丧所控制。

每个人心中都藏着嫉妒的种子。每天我们都要审视自己的内心。马丁·路德曾经说过："你不能阻止鸟儿落在你头上，但是你可以不让它在上面筑巢。"同样，我们不能保证一定不产生嫉妒的想法，但我们可以预防嫉妒的种子扎根发芽。治疗嫉妒的良药就是知足感恩。从字面意义上讲，就是对现有的一切心存感激。如果心中充满感激之情，嫉妒就无处安身了。

自以为是

当今社会，无论人们拥有了什么，他们都感觉自己有资格获得更多。丈夫觉得妻子应当为自己付出更多，妻子也认为丈夫应该多付出一些；打工的觉得自己的劳动值得更高的报酬；同样，人们也总感觉保险公司、医疗机构和政府机关亏欠了自己。而在你的一生中，有没有曾经因为得到了本来没有资格获得的东西而感到不安呢？有一条生存法则，我们大家都应当牢记：如果我们的心思不能从那些我们无法获得的东西或者我们自以为是的想法中解脱出来，我们将无法得到快乐。

愚　蠢

最后一个阻止我们获得幸福的拦路石就是我们自身的惰性。我们都不愿突破自身的局限，将眼光放远，望向自己以外的地方。我们更情愿相信自己的理解、体会和感觉，作出自己的决定。所罗门说："自恃聪明的，是愚昧人。"为什么这么说？因为我们的感觉是不可靠的，不但如此，它还会随时发生变化。我们的感觉就像一辆情感过山车，虽然这一刻很高兴，下一刻可能我们马上就会变得悲伤和沮丧。一时爱意泛滥，一时怒不可遏，一时踌躇满志，一时又满腹忧患。只相信自己感觉的人，他的未来最终也只能建立在有限的个人知识和心血来潮的冲动之上。难怪所罗门将这种行为称之为愚蠢。

所罗门的幸福箴言

我们想要克服这些障碍，最终获得幸福，没有别的好办法，只有逐条按照箴言提出的建议行事。因此，我觉得有必要将所罗门的建议总结梳理一下：

拥有一颗感恩的心

在今后的每一天，留意那些让你心存感激的人、事、物。如果不久前，你刚刚经历了一段艰苦的生活，或者刚刚遭受一场毁灭性的打击，加里·斯莫利博士为你设计了一个名为“寻宝”的游戏，可能会给你带来很大的帮助。他在《现代伉俪谈心录》（*Making Love Last Forever*）(加里·斯莫利著，李霄燕译，上海远东出版社出版。——译者注）这本书的前几章里详细介绍了这个技巧。如果能够充分利用它，你会发现，即便让你最痛不欲生的经历，也能成为你的宝藏。而一旦你发现了这些宝藏，就意味着以后再没有任何东西能阻止你拥有一颗感恩之心。

谦虚谨慎

在生活的任何一方面，膨胀的自我意识都是幸福和快乐的大敌。战胜它的唯一方法就是放弃对他人（政府、老板、朋友和亲戚、配偶和子女）不切实际的幻想。这样做会产生意想不到的效果，你不但会比以前更快乐、更幸福，还能学会无条件地去爱别人、尊敬别人。

消除嫉妒

当你发现自己在嫉妒别人时，一定要提醒自己以下三个事实：第一，你根本不知道他们的生活中要面临怎样的挑战和压力；第二，生前无论你拥有再多，也无法将它们带入坟墓；第三，生死无常，谁也不能确定生命何时会结束。

对于你嫉妒的对象，你根本不知道他们的内情，不知道他们是否真正感到幸福，不知道他们牺牲了什么才得到现在所表现出来的一切。他们是否牺牲了自己的个人幸福？是否违背了道德和法律的准则？是否牺牲了与家人团聚的时间？即便这些你认为都不重要，还有一点，你不要忘了，总有一天他们也会死去，那个时候，他们所拥有的一切都无法带走。尽管我现在才 50 多岁，就已经经历了不少生老病死，许多曾经令我嫉妒的人也已经过世，中途扔下所有的财富和家人，生命戛然而止。我宁可一事无成，多一些与家人团聚的时间，也不要赚来无数的钱却没有命去享受。

用嫉妒来警示你的心，当你感觉到它的时候，就将你的注意力转移到令你感恩知足的方面去。

学会明智地生活

智慧代表的不仅仅是知识，即了解事情的真相。它在你的脑中也不像百科全书或者数据库，储存的仅仅是事实。智慧还包括行动。简单地说，智慧就是有效地将真理运用到你的日常生活中。在第 14 章，我们再详细讨论如何以智慧为基础规划你的一生，活到老，学到老。

智慧知识

1. 在所罗门提到的以上几个阻碍幸福的因素里，有哪些最近影响了你？

★ 浮华虚荣

★ 永不知足

★ 嫉妒

★ 自以为是

★ 愚蠢（只相信自己的感觉）

2. 想想你生活中值得感恩的地方，将它们列出来，从最明显最重要的开始。这样还不够，在之后的几个月里继续不断扩充这张清单。最后，你会发现单子上列出了许多令你意想不到的东西，以后坚持每天温习一下这张清单。

第 7 章

The Richest Man Who Ever Lived

修炼职场处处受欢迎的个人品质

为何有些人拥有一堆优点却屡屡不被重用？
为何有些人缺点不少却倍受青睐？
什么才是老板、朋友、家人看重的品质？

不可让慈爱诚实离开你，要系在你的颈项上，

刻在你的心版上。这样，你在神和世人眼前，

必蒙恩宠，得到美名。

——箴言 3:3–4

07

Do not let kindness and truth leave you;
Bind them around your neck,Write them on the
tablet of your heart. So you will find favor and
good repute in the sight of God and man.

——PROVERBS 3:3-4

正如你所知道的，我在大学毕业后 6 年里，干过的每一份工作都没有超过几个月的。通常情况下，我的老板们在解雇我的时候都表现得非常替我着想。他们总是说，我有很多优点，他们也很喜欢我，但是出于各种各样无伤大雅的理由，他们不得不让我走人。然而事实的真相只有一个，那就是我身上没有让我的雇主们看重的品质，至少没有那些被留下来的人表现得那么明显。越是他们看重的人，提升得越快，薪水也越高。而不被他们看重的人，最终的结果就是被解雇。人们在处理个人关系的时候也是如此。正所谓物以类聚，人以群居。人们不会与自己重视的朋友决裂，也不会与自己珍视的伴侣离婚。于是，现在我们的重点就是搞清楚：什么是让老板们看重的价值，只要拥有它们，不但不会被炒反而得到提升？什么是让朋友们看重的价值，只要拥有它们，就会被人引以为不可多得的知己？又是什么使人成为伴侣眼中永远的偶像？所罗门揭示了这个秘密，只要具备了五种优秀品质，无论在个人还是职场交往中，任何人都可以得到他人的高度认同和赞赏。

我们在第 1 章里已经讨论了第一种品质，勤奋。真正勤奋的人在任何工作场合都会受到老板的赏识。

在这一章里，我们主要是讨论另外四种能让你受人重视的品质。就像勤奋的品质一样，这四种品质都不是与生俱来的。它们更像是埋藏在我们心中一直没有被我们发现的种子，需要后天的养育才能逐渐成长起来。

仁慈与诚实是无价之宝

最近我携夫人参加了一场在贝弗利山举行的慈善活动。在场的一位女士身上佩戴的钻石首饰据说价值500万美元，她脖子上挂着一枚巨型的黄色钻石坠子，手上戴着由另外一颗类似大小的白色钻石镶嵌的戒指。然而，人类有两种优秀品质的价值更胜她那些昂贵的宝石。可以说，这两种品质才是真正的无价之宝。可是，一般情况下，它们的价值却没有引起人们足够的重视。这样的品质到哪里都深受欢迎，然而具有这样品质的人却惊人地稀少。我所说的品质就是诚实与仁慈。一次调查问卷的结果显示，全美80%的高中高年级学生承认自己考试时作过弊。在工作场合，情况也差不多。从厂房到董事会的会议室，几乎已经难以寻觅到诚实的踪迹。因为当人们尝到由欺骗得来的短期利益的甜头时，便自以为不会存在长远的忧患。这真有点自欺欺人。不信就去问问安然、泰科与世通公司的总裁们吧。同样，在家庭生活中也存在着严重的不诚实问题。在美国有一半的已婚男人和1/3的已婚女人承认曾经对配偶不忠。

在今天这种急功近利、个人优先的社会，仁慈这种品质更是为人们所丢弃。换句话说就是，我先管好自己的事，等我有余力余钱的时候再去管别人吧。

所罗门说："不可让慈爱诚实离开你，要系在你的颈项上，刻在你的心版上。"他说，诚实与仁慈，就像佩戴在身上灿烂耀眼的宝石，是我们身上首先能吸引别人注意和重视的地方。人们首先可以通过它们来注意到我们，再进一步了解我们，而当他们想到我们，脑海中浮现的也是我们仁慈和诚实的高贵品质。当我初次结识加里·斯莫利博士的时候，他的仁慈和诚实就给我留下了最深刻的印象。这两种品质从他的眼睛、言语和行动中自然地流露出来。当时我就认定，这个人一定会成为我最好的朋友之一。这正好解释了为什么所罗门要说"要系在你的颈项上”了。

不要忘了所罗门写的后半句话：“刻在你的心版上。”也就是要使这些品质成为你的本质。31年来，加里的仁慈与诚实与我们初见时丝毫不减，一如既往地对待我和我的家人，对待我引荐给他的所有朋友。而他并不需要勉强自己就能做到这样，因为仁慈和诚实已经成了他本质的一部分。我生活中出现的许多其他人也同样如此，像我事业上的导师，鲍勃·马什，还有我的精神导师，赫布和海伦·塞尔比夫妇。早在三四十年前我们刚结识的时候，我就认识到了他们仁慈和诚实的高贵品质。

将诚实仁慈刻在心版上

纵观《箴言集》，我们可以发现所罗门给出的承诺都是有条件的。他常说：“如果你这样做，那么你就可以得到这个东西。”诚实与仁慈的品质也属于这种条件。如果我们具有这样的品德，那么我们就获得了世界上任何金钱都无法买到的好处。这样一来，就像他所说的，我们在神和世人眼前，必蒙恩宠，得到美名。所罗门用来表示“恩宠”的希伯来语原意是“表示珍爱与肯定并给予偏爱的待遇”。也就是说，你将被朋友、同事、老板、雇员、家庭成员和同一圈子的人所珍视。当然，除此之外，还有别的好处。

建立牢固而受珍视的关系

真正可以信赖的朋友能让你感受到牢固而可靠的友情。诚实的品质可以为长远而稳定的关系奠定坚实的基础。而仁慈的品质能给你带来尊重和认可。如果一个人亲切地对待你，并且始终如一，那么你也会更加珍视与他的关系，为之给予与众不同的投入。

带来激励和树立自信

当我丢掉第 4 份工作时，鲍勃·马什还是那家公司母公司的副总裁。当时，他请我吃午饭，问我有什么打算。我告诉他我已经接受了亚利桑那州一家银行的工作邀请时，他又问我是否准备了西装，因为在银行工作穿西装比较合适。我说没有，他立刻开车带我去了一家商场，给我买了两套西服。在我窘迫至极的时候他这样的做法无异于雪中送炭，给我留下了极为深刻的印象。在我的事业生涯里，从来没有任何事情像那时候一样让我觉得为人所重视，而我也终于找回了一点自信，重新投入到新的工作中，并且以一种完全不同的心态看待自己和自己的价值。

增强责任感、忠诚和动力

仁慈地对待他人，他们会对你更加忠诚和投入。同样也可以激励他们以你为榜样待人以和善。

买西服的事情发生 3 年后，鲍勃·马什邀请我与他合伙建立一家销售公司。那时候，如果我继续留在当时工作的那家大型注册公司，他们将给我增加 1 倍的薪酬，并且许诺会提升我做市场部副经理。我面临着一个艰难的选择。一方面，继续留在原来的公司，我可以有一个固定的工作，3.6 万美元的年薪，公司配给的汽车，还可以成为市场部的二把手；另一方面，离开公司，我不得不把家搬到 2500 英里以外，与鲍勃合伙开办一家新公司，可能年薪只有 1 万美元。虽然我明白，如果新公司成功了，可能我会赚得更多，但是成功与否实际上就是一场赌博。尽管如此，我还是毫不犹豫作出了选择。对我来说，能跟我崇拜和尊敬的商业前辈一起创业，一直是我的梦想。于是我接受了他的邀请。后来，我们很幸运地获得了出乎意料的成功。

现在鲍勃已经退休很久了，不过我和他的儿子们仍然保持着亲密的合作，我们之间融洽的关系，难以用言语表达，我们合伙的公司取得了成功是一方面原因，另外更重要的是，在将近 30 年时间里，我们天天在一起工作，早已结下了深厚的友谊。而这一切的源头，都要追溯到很久以前的那两套西装。

远离自私自利和欺诈

将仁慈和诚实铭刻在心里会带来这么多的好处，为什么还会有人宁愿选择自私自利和欺诈呢？答案很简单。自私自利就像是人身上的一块肌肉，从我们生下来的那天起，我们每天都在锻炼它，于是它就不可避免地成为我们身上最强壮的部分，它的反应既迅速又有力。一旦我们的个人利益和朴素的仁慈品质发生了冲突，我们自私自利的天性就会作出条件反射，自动发挥作用。它让我们的注意力永远集中在自己需要和期望的东西上。

如果把仁慈之心也看成人身上的一块肌肉，那么我们只有在有意识地要求自己去做的情况下，才会锻炼它。它强迫我们不得不长时间将自身的需求和欲望置之不顾，转而去关心别人的真实需要。如果我们选择去用这块肌肉，那么我们必须确保它足够强大，不然不足以应付我们以自我为中心的天性。我们每天都面临着无数次锻炼这块肌肉的机会，究竟是满足自己的利益还是选择锻炼自己的仁慈之心。尽管并不容易，不过只要我们坚持锻炼下去，我们的仁慈之心就会变得越来越强壮。随着它的强大，它在我们心版上的印记也会越来越清晰。假以时日，我们无须勉强，自然而然就会以仁慈之心来行事。

为何说谎如此容易

一提到不诚实，大多数人都会想到别人，很少有人会反省自己，然而事实并不是如此。如果算上夸大其词、善意的谎言和故意的删减事实，我们中的大多数人都经常在说谎。为什么夸大、扭曲和删减事实做起来如此容易？因为这样做比说出事实，能将我们置于一个更好的处境，尽管这种优势只是暂时的。我们说谎只有三个原因：抬高自己，保护自己，操纵别人的想法、感觉和行动。然而，很不幸，这三种理由都是建立在错误概念的基础上的。我们自认为能从欺诈中获益，然而，由此得到的一切都不能长久，欺诈带来的后果贻害无穷，最终，会盖过那些短暂的眼前利益。每说一次谎，我们的是非之心就削弱一点，我们再次说谎的能力也随之增强一点。迟早，说谎和欺诈会成为理所当然的行为，会成为我们本性中的一部分，会成为我们与这个世界相处的方式。然而，纸包不住火，人们会渐渐看穿我们的本质，他们可能不会当面戳穿我们，但是我们却永远失去了他们的信任。

在我看来，不诚实有两种表现形式：扭曲事实和隐藏事实。第一种很明显，第二种更隐蔽一些。安达信(Arthur Anderson)就是一个例子。假如整个商界只剩下最后一家公司仍然保持诚信，那这家公司也会是一家会计师事务所。他们担负着向公众精确地汇报一家公司当前的财务状况的职责。然而在安达信案里，他们却伙同安然的高层管理者篡改了事实。安然的高层主管们因此得以长时间继续欺骗公众，最终公司破产时，成千上万的公司员工和无数股权持有者的毕生积蓄都化为乌有。安然的一位高层主管自杀，剩下的进了监狱。安达信的声誉和业务也毁于一旦，2.8 万名安达信员工失去了工作。而这仅是显而易见的损失。这次事件使得美国整个商界在公众心目中的形象一落千丈，在公众眼里，所有的公司都被那些贪婪之徒所控制，他们一门心思只想着赚大钱，全然不顾因此可能给社会造成的损失。

但是欺诈并不是从董事会的会议室里开始产生的。它是从每个男人和女人的心底慢慢滋生壮大的。请将诚实这种品质作为你人品的基石，这样你才能避免以下这些后果。

 欺瞒最终将带来灾难

为什么会产生这样的结果？那是因为在你心底一直隐藏着一种忧虑，害怕自己的不诚实总有一天会曝光。同时，你又必须自圆其说。因此你被迫不断地回想以前说过的谎言，以防说漏了嘴而自相矛盾。所有这些都会引发压力，而且我们在前面已经知道，压力不但会剥夺我们的快乐，最终还会破坏我们的健康。

不诚实终会导致灾难

每年发生的不可胜数的交通事故，导致了为数众多的伤亡。然而在事故发生前，这些死伤的人，任何一个人都不会想到自己会受伤甚至送命。同样，在人们说谎或试图掩盖事实真相的时候，也没有人会意识到，他们其实正在毁掉自己尚未享受的人生。所有的谎言迟早都有被揭穿的那一天，一旦到了那个时候，灾难就会不可避免地发生。

慷慨付出 必多回报

慷慨是人们拥有的、最受人钦佩的品质之一。当一个孩子将他好不容易攒下的零花钱捐给灾区；当一个商人捐出几百万美元用于慈善事业时，我们都会为他们的慷慨而赞叹，对他们肃然起敬。不过慷慨获得的回报并不仅仅是别人的赞叹和敬佩，解了别人的燃眉之急，你会因此而心怀喜悦。除此之外，所罗门还说，慷慨的人不会缺少任何真正需要的东西，他们一定会生活富足，而且他们的财富会不断增长下去。他告诉我们，那些慷慨给予他人的，得到的回报会比付出的更多。

心理学家认为，人生命中的两大动力是：渴望得到和害怕失去。所罗门向我们保证，慷慨的品质直接影响着这两方面。如果世上有一把魔杖，只需要挥一挥，就能保证你衣食无忧、万事顺利，这把魔杖该有多少价值啊？所罗门已经把这把魔杖放到了你的手中，这把魔杖就是真正的慷慨。

所罗门谈论慷慨的这句箴言有没有深层次的含义？总的来说，他的选词解释了他对慷慨的理解。他认为，一个慷慨的人，会心甘情愿把自己拥有的东西分出相当大的一部分给那些有需要的人，而且他们这样做的时候并没有期待以后会因此获得任何回报。尽管他主要是从钱财和物质的给予方面来说明慷慨的品质，不过慷慨还可以体现在生活的许多其他方面。其实，慷慨意味着满足别人最紧迫的需要，无论给予别人的是金钱、实际行动或是精神上的支持和帮助。

许多人认为只有有钱人才能做到慷慨，这种想法错得离谱。我的大学宿舍管理员就是我曾遇到的最慷慨的人之一，我在学校上学的时候曾经与他一起共事过。他每周有 5 个晚上要给学生宿舍刷马桶，白天还要照顾卧床不起的妻子。但只要他能做到的，他从来不吝啬贡献他的一切：他的时间、和善的话语以及细心体贴。有一次我问他有没有想要的东西。他回答：“没有。我想要的一切都有了。”直到今天，我都没有见过比他更快乐的人。就像所罗门所说的那样，他从不缺少任何东西，他的精神感染了别人，反过来，别人又会给他注入新的活力。

那些吝啬的人会有怎样的结果呢？所罗门预料他们会陷入贫穷。这里的贫穷并不一定是钱财和物质上的贫穷，这种贫穷指的是人心灵上的荒芜。无论已经拥有了什么，他们都不会满足。拥有的越多，他们的贪婪越永无休止。他们在精神上破产了。慷慨由心而生，永远勇往直前，决不退缩。

 所罗门的宽厚之心

所罗门认为，有一种品质能够为你带来荣誉和“光彩夺目”的吸引力，这种品质就是宽厚有礼。所罗门在这里选择这个词有什么深刻含义吗？希伯来语的原词包括许多含义：心地善良又有耐心，举止得体优雅，待人亲切且能慧眼识人。宽厚有礼的人可以使周围的人，无论值不值得，都感受到这些美好的东西。

所罗门在《箴言集》中将这种品质赋予女子身上，大概他认为这比放在男子身上更容易理解。其实，不管男人女人，拥有这种品质的人少之又少。举例来说，由于频繁来往于世界各地，我不得不在机场待很长时间，尤其航班误点的事情还经常发生，期间我算是彻底见识到了什么叫做不耐烦、无礼和粗鄙，让我十分吃惊的是，这样的行为在当代社会竟然成了司空见惯的事情。

然而，事情也有好的一面，宽厚有礼这种品质与人的性格关系不大，任何人只要想都可以做到。而想要做到这一点，我们要采取的第一个步骤，就是心中充满感恩之情。所罗门要求我们，每天都要为我们拥有的一切感谢上天。如果我们能够持续不断地提醒自己，我们所拥有的每样东西都是上天的恩赐，我们就能够和蔼耐心地对待他人。纯净的感恩之情会使我们具有发自内心的品行：在你烦躁的时候会使你平静，从而变得有耐性；在你愤怒的时候赋予你良善，使你愿意给别人他们所“该得”；在你苛责他人的时候会阻止你，使你改用温和有礼的态度来纠正他们；在你不耐烦的时候，帮助你平息内心，转而表达对别人的理解与赞赏。真正宽厚的人从不期望换得任何回报。拥有一颗宽厚的心吧，每时每刻将其光辉散播四周，你将得到所罗门允诺的尊荣，以及随之而来的一切回报。

智慧知识

千金不换的品质，拿来为我所用

1. 在你所认识的人中，有没有人具有所罗门提到的这四种品质？每组里至少列出 2 人。

诚实 ________________

仁慈 ________________

慷慨 ________________

宽厚有礼 ________________

2. 回想刚刚过去的几天。你是否夸大或掩盖了一个重要的事实，或者说过谎话（无论出于善意或恶意）？将具体的事例写下来。

3. 分析一下上一题里列出的每个事例的原因。想想究竟你因为撒谎得到了什么不得了的好处？如果没有说谎，究竟会有什么不得了的损失？

4. 明天你能不能不要像以前一样说谎？可不可以不要夸大其词，歪曲事实？

5. 在过去的一个星期里，你在待人接物方面有没有可以改进的地方，可以使自己显得更加和善、慷慨和宽厚？描述一下。

6. 在过去的一个星期里，你在待人接物方面有没有自己认为做得很好的地方，充分体现了自己的和善、慷慨和宽厚？

第8章

The Richest Man Who Ever Lived

善用冲突和逆境

为什么沃尔特·迪斯尼在最受欢迎的卡通明星"幸运兔奥斯华"被夺走，所有动画制作人员都被挖走后还能开创自己的娱乐王国？

亨利·福特创造出福特神话之后就一帆风顺了吗？

触怒兄弟，要劝他和解，比取坚城还难；这样的纷争，如同堡垒的门口。

——箴言 18:19

08

A brother offended is harder to be won than a strong city; and their contentions are like the bars of a castle.

——PROVERBS 18:19

利用冲突和逆境

无论你喜不喜欢，在生活中遇到冲突和逆境就像吃饭、喝水还有呼吸一样自然。根据所罗门的观点，它们在我们生活中扮演着无可比拟的重要角色。如果你处置得当，它们不仅会帮助你取得好结果，还能使你在工作和家庭中的人际关系更加和谐。但如果你处置不慎，它们就会导致不良的后果，成为你获得幸福与成功的拦路石。不依靠所罗门的策略，试图平安地消除冲突和战胜逆境，就像在飓风肆虐的时候骑着自行车从佛罗里达州北上缅因州一样是不可能完成的任务。即便有一线成功的可能，你也面临着巨大的压力和危险，并且，你失败的可能性远远大于成功的可能性。

亨利·福特为了公司的发展方向问题与底特律汽车公司的董事们发生了冲突。他们要求公司占领已知的市场，为社会名流和有钱阶层生产昂贵的汽车，而亨利·福特则希望开拓新的市场，为全社会大众生产平价汽车，在这场冲突中，亨利·福特输了。随后他被公司开除了。然而不久之后，这家公司就破产了，投资者们也都血本无归。而亨利·福特却在后来创建了福特汽车公司，并且成为世界上最有钱的人之一，一共为他的投资者创造了3000倍的收益。从这个结果来看，谁才是他们之间冲突的最终赢家？从底特律公司内部的冲突结果来看，似乎福特是失败者，董事与股东们取得了胜利。然而从长远的利益来看，情况却正好相反。

沃尔特·迪士尼创建的第一家动画片制作公司被一家无耻的发行公司所架空，险些毁于一旦。他们不但夺走了沃尔特·迪斯尼最受欢迎的卡通明星“幸运兔奥斯华”(Oswald the Lucky Rabbit)，而且几乎挖走了沃尔特·迪士尼所有的动画制作人员，他因此陷入绝境。那家公司以为坐稳了行业内第一的位置，谁知后来却破产了,而沃尔特·迪士尼最终开创了自己的娱乐王国。

事实上，能真正经受住时间考验的赢家不见得就是一开始占上风的那一方。遭遇逆境也是类似的情况，从长远来看，逆境对你来说既是挑战，也是机遇。毕业后我一次又一次丢掉工作，每一次给我的打击都是毁灭性的。然而，如果没有之前 9 次的失败，我就不可能在第 10 次成功。我们所有人都不能预测未来，因此，身处逆境中的切身感受或者逆境在短期内给我们带来的后果常常左右着我们对形势的判断。这样的判断难免会让我们作出错误的选择。所罗门教导我们要找到解决冲突和度过逆境的正确方向，抓住它们带来的机遇，只要做到这些，无论在怎样艰苦的情况下，我们都能成为最后的赢家。

导致冲突和逆境的情况有两种：第一，我们自己引发了冲突，招致灾祸；第二，我们被动地卷入了冲突中，陷入了逆境。让我们先来分析一下第二种情况。

我的祖父在 20 世纪头 10 年做过矿业工程师。记得那时我刚上小学一年级，有一天，父亲和他姐姐去了亚利桑那州的一个煤矿产区办事。每次父亲出差回家都会给我和姐姐带回来一些小礼物，给我们一个惊喜。不过那一次，他只从手提箱里取出一个小袋子,在厨房的桌子上倒出一小堆难看的石头。我感到很失望，我觉得它们和我家后院的石头根本没有什么区别。父亲却向我讲述了藏在每颗石头里的奥秘：“这一块里面有金子，这一块里面有银子，这一块里面有铜。”我觉得很奇怪，我问父亲为什么它们没有闪闪发光？为什么我看不到里面的金、银和铜？他回答说：“它们还需要经历火的锻炼。”接着他又解释了为什么一定要把它们放到炽热的火里，才能除掉杂质，分离出闪亮的金属来。

所罗门认为，我们不得已面临的冲突和逆境其实有一个超乎寻常的作用，那就是熔解掉包裹在我们心灵周围的岩石，提炼出内在的人格特性。不经历磨难，怎能显现出那些独一无二的品性；不经历大火，怎能炼成纯金；不经历锤炼，我们怎能在情感、心理和精神上更加坚强。金矿石里金子的含量很少，一吨矿石只有几美元的价值。然而一旦提炼成真金，每盎司就值几百美元。同样，经历逆境，就是去除杂质，锻炼真实个性的过程。伴随着这个过程，还会产生许多影响命运的品质：耐心、怜悯、仁慈、勇气、自信、恒心、忠诚、正直和爱心。因此，在遇到逆境和冲突的时候，我们应该欢迎它们，迎接它们带来的挑战和机遇。只有经历了逆境和冲突，我们才会发现真正的自我。

由此看来，我们面对逆境有两种选择。我们可以愤怒，失望乃至屈服；我们也可以静下心来，把眼光放得更长远，看到它可能会带来的机遇。这个时候，无论我们权衡利弊、努力抗争，还是听天由命、无动于衷，都是我们自己的选择。选择第二条路只会给我们带来痛苦和失望；只有选择第一条路，我们才能变得更坚强，未来才会更美好。

不过话说回来，大部分逆境和冲突的始作俑者都是我们自己。我的父亲从他 50 多岁起，20 年内经历了 3 次心脏手术。在 79 岁的时候还被确诊患了肺癌，他与病魔斗争了 7 个月后就去世了。他的手术和癌症，不仅给他自己，也给我们带来了极大的痛苦。然而究其根源，他得病的主要原因就是他持续了一生的吸烟习惯。

前文已经提到，我第 3 次被公司解雇其实很大一部分原因是咎由自取，我背着老板办理了工作调动，违背了员工要对雇主忠诚的原则。

另外，一个巴掌拍不响，每次与别人发生争吵，即便不是由我主动引起的，我自己也要承担火上浇油的责任。

不要畏惧和躲避冲突

所罗门说：“铁磨铁，磨得锋利；朋友互相切磋，才智也变得敏锐。”钝刀不好用，只有锋利的刀才是好工具。从古至今，使刀锋利的最好办法就是将它放到磨刀石（一种燧石）上去磨砺。在这个过程中摩擦不断，火花四溅。然而一旦大功告成，刀刃即锐不可当。所罗门告诉我们，磨砺同样能成就我们的个性。只不过，在这个过程中，同样充满着与他人近距离的碰撞和摩擦，同样火花四溅。在商业领域，人们往往能够从争论中发现意想不到的办法，成为打破瓶颈的关键，最终使问题得到解决。加里·斯莫利博士也指出，冲突可以引发最深层次的交流，碰撞可以拉近夫妻、朋友之间的距离。如果人们在问题面前畏缩不前，极力避免发生冲突，反而会在无意间损害而不是维护了彼此的关系。相敬如宾的夫妻其实并不值得羡慕，他们之间可能永远存在着隔阂。在生活的各个领域，我们都不应该畏惧和躲避冲突，相反，我们要把冲突看作一个能最大限度提升我们成就的工具。

通常我们对争论输赢的理解相当简单，只要对方同意我们的观点，并且按照我们的意思去做，我们就算赢得了这场争论。根据这样的定义，底特律汽车公司应该算是赢家，因为他们迫使亨利·福特同意了他们的观点。但事实上，这次冲突的双方都输了。不论你要面临的怎样的形势，只有努力做到双赢的局面，那才是真正的胜利。通常情况下，虽然双方本意都是如此，他们却容易被偏见和压倒对方的渴望所蒙蔽，看不到全局利益，从而作出错误的判断。他们的争论没有建立在全面掌握事实的基础上，他们所凭借的甚至仅仅是自以为是的单方面观点。

在另一个例子里，福特劝说新成立的福特汽车公司的股东们支持他生产大众化平价汽车的建议，这一次，他赢了，他的投资者也赢了，他们的胜利甚至惠及了全世界数百万人。不过，后来当其他汽车公司推出各种颜色的小汽车时，在他的劝说下，福特汽车公司坚持只为消费者提供黑色的小汽车。这一次他却输了，被他说服的投资者也输了，公司险些为此而破产。

如果我们能把第4章中讲的所罗门关于交流的策略和我们即将在下面谈到的所罗门关于处理冲突的建议结合起来的话，我们就会在面对争论的时候，站在一个全新的立场，努力使双方看清形势，最终达到双赢的结果。因此，赢并不意味着一切照“我的方法”来办，相反，它代表了使各方都获得最高利益的意思。

冲突有利有弊，关键在于我们如何处理

每当我们与人发生争论时，无论是我们首先发难，还是反击对方，我们都会本能地保护自己，维护自己的观点，攻击或回击对方的观点。通常情况下，这是我们争论的最大目标。在争论过程中，我们也没有任何规则可循。我们头脑一热，便口不择言。这样不经考虑的鲁莽行为难免会给对方带去不必要和毫无益处的伤害。反过来，也给我们自己带来更严重的伤害，最终导致双方关系的破裂。短期内，甚至永远难以恢复，所罗门说这样的行为非常愚蠢。先不管是什么原因导致争论，一旦发现自己正在与人争论，我们就不应该总是把注意力放在争论的焦点上，一门心思只想着如何辩护和反击，我们应当注意用词，将注意力转移到怎样才能使结果对双方都有益的方向上去。在本章结尾的“智慧知识”部分，加里·斯莫利博士为我们提供了一张清单，上面列出了争论中什么该做什么不该做，只要我们按照他的指示去做，就能够消除争论，解决冲突。

有害冲突的五大根源

所罗门告诉我们有害无益的冲突有五种根源。每当陷入冲突，我们都应该问问自己其中的根源是否包含了以下这5种：

傲　慢

所罗门说："傲慢只能引起争端；接受劝告的却有智慧。"我们本性中的自负和傲慢最能给我们找麻烦，我们将在第13章详细解释这个问题。所罗门就将傲慢称为产生冲突的头号根源。所以，与别人发生冲突之前，先好好想想把自己置于这种境地的最初动机。是否是我们想要树立自我权威，维护并保护它不受攻击。如果真的是这样，这个理由根本不足以让我们向别人挑衅或者被动地卷入冲突。所罗门建议：在冲突爆发之前寻求外界的忠告。他暗示，旁观者的建议通常可以使你冷静下来，制止你受心中傲慢的驱使执意卷入冲突。我知道，有些夫妻为了鸡毛蒜皮的小事闹得不可开交，或者和孩子争吵。在这里，所罗门再次强调，不要这样做！等真正严峻的问题出现了，自己的利益受到了真正损害的时候再去吵闹、斗争吧，不到万不得已，毫无退路，不要这样做！

愤　怒

所罗门说："脾气暴烈的人常引起纷争；不轻易动怒的可平息争执。"许多争执原本没有必要，因为其中一方脾气暴躁才引发的。而且多数情况下，发怒的原因与争执本身一点关系都没有。如果你是那个怒火冲天的人，在你毁掉自己的一段和睦关系之前，找出令你生气的症结所在。如果生气的是对方，尽量避免与他们进行正面冲突，实在不行可以暂时躲开他们。在第10章，我们会谈到所罗门关于如何处理自己与他人怒气的建议。

尖刻的话语

所罗门说："柔和的回答使烈怒消退，暴戾的话激动怒气。"只需一句尖刻的评论或者几句伤感情的话就能引发一场冲突。在与人相处的过程中，我们知道用什么样的话可以戳到别人的痛处，进而激起口角。然而这不是引发冲突的正当理由。所罗门建议我们管好自己的嘴巴，不要用尖刻的话语故意激化矛盾，要用和善温柔的话语缓解紧张气氛。

冲 动

所罗门说："不可轻率出去与人争论，若你的邻舍使你受辱，你要怎么办呢？"大部分争吵都是一时冲动引发的；几乎没有人在吵架之前还会仔细斟酌一番。所罗门警告说，凭一时冲动引发的争吵和冲突不但不会帮助你，还很有可能给你带去伤害。所以请听从他的建议：不要这样做！遇到问题的时候，先冷静一下，想想其他的解决办法，总会有平静地解决问题的办法的。

多管闲事

所罗门说："过路的人被激怒，去干涉与自己无关的争执，就像人揪住狗的耳朵。"试图帮助别人解决争执的现象并不少见。然而，所罗门说，这样做的直接后果是自己被伤害。不了解情况就与冲突的其中一方一起攻击另外一方，这样你离灾难也就不远了。有一次，我听说一位好朋友已经成年的儿子对他很不孝顺。我一听说这件事，就想拿起电话臭骂那小子一顿。幸亏，我们都认识的一位朋友劝告我，除非他们父子某一方请我帮忙解决他们的问题，否则不要搀和此事。于是，我没有干涉这件事。几个月后，那个儿子终于认识到自己的错误，回来请求父亲的原谅。现在他们父子的关系比以往还要好。假如当时我干涉了他们之间的争执，可能我与他们其中一个人甚至两个人之间的关系就会被破坏，说不定等他们之间的矛盾解决了，我跟他们之间的关系还没有恢复。即便别人请你去帮助解决他们之间的冲突，你也要深思熟虑，最好还要听听第三方的建议。不要不好意思拒绝，你要让冲突的双方明白，你与他们之间的矛盾没有任何关系。通常情况下，置身事外才是最好的选择。

所罗门消灭冲突和战胜逆境的智慧

以我们修订过的关于赢的概念（获得可能的最好结果）为基础，我们来看一下所罗门关于消除冲突和战胜逆境都有哪些建议。

所罗门给了我们八个从冲突中寻求最好结果的步骤。

了解冲突可能导致的后果

所罗门告诉我们，要和一位被触怒的兄弟和解比攻取坚城还要困难。他希望我们意识到冲突的后果，这后果可能是我们无法承受的。争吵可能会制造出人与人之间无法逾越的鸿沟；想再赢回他人的友谊、信任或奉献精神几乎是不可能的。当然，这并不是说我们连正当的冲突都要避免，只是我们在作出决定之前应该认真地考虑冲突可能造成的后果。

以“取得双赢”为目标

一定要记住，冲突的意图是为了解决问题，而不是为了让事情变得更糟。我们的目标是使我们双方都得到最好的结果，以取得双赢为最终目标。

冲突之前寻求别人的建议

所罗门告诉我们：“计划要有筹算才能确立。”他告诉我们，冲突的意图是为了获得最好的结果，而最好地实现这个意图的办法就是事先寻求第三方的客观意见。

不要理会蠢人的挑衅

许多争吵和冲突都十分幼稚和愚蠢。所罗门建议我们不要把自己降到与攻击我们的人一样的水准。如果他们咒骂我们，侮辱我们的人格，不要也跑去咒骂他们，侮辱他们的人格。所罗门告诉我们：“不要照着愚昧人的愚妄回答他，免得你像他一样。”他接着又说：“要照着愚昧人的愚妄回答他。”意思是，我们回击的时候要攻击他们的论点，不要攻击他们的人格。如果他们的头脑无法容纳你的观点，你就直接走开，让他们独自承受愚蠢的后果。

不要泄露他人隐私

当我们陷入争论和冲突时，通常我们会引用别人的观点、感觉和评论来加强我们的论点。然而这些话常常是作为秘密告诉我们的；争吵中引用别人的话其实就违背了他们对我们的信任。出于这种考虑，所罗门给我们这样的警告：“如果有纷争，只与你的邻舍一人争论就好了；不可揭发别人的秘密，恐怕听见的人辱骂你，你的恶名就不能脱掉。”在争论中泄露别人的隐私，会给你的名誉和人际关系带来长久的损害，最终会让你追悔莫及。

不要没完没了

争论的时候，每个人都想比别人多说一句，多表明一次观点，多打击对方一次。所罗门规劝我们抵制这种本能。他告诉我们：“柔和的回答使烈怒消退，暴戾的话激动怒气。”使用柔和的语气、和善的言辞和建设性的叙述，能帮我们快速地缓解紧张气氛，解决争端。所罗门还告诉我们：“没有柴，火就熄灭；没有搬弄是非的人，纷争就平息。”

火上浇油只能使争论更激烈，使彼此受到更大的伤害。因此，停止毫无意义的言语，免得给冲突火上浇油。

用意想不到的礼物表示善意

所罗门告诉我们："暗中送的礼物，可以平息怒气。"自从读过这句话后，我已经多次使用过这个策略，而且每次都能奏效。有一次，以前一个合伙人的所作所为让我实在无法忍受，我打算和他绝交，我心想："这是我承受的极限了，我不想再和这人打交道了。"然而，第二天，当我走进办公室，发现桌上放着一件意想不到的礼物。随附卡片上写着："我非常非常非常抱歉，原谅我吧！"顷刻间，我的怒气烟消云散，我们又成了好伙伴。摆出和解的姿态并不一定需要贵重的礼物，只需要出其不意，再加上你的诚意。只要能够表达你的谢意或者歉意，小小的一张便条也可以成为礼物。

善于宽恕

所罗门说："恨能挑起纷争，爱能遮掩一切过失。"任何伤害都是使我们学会宽恕、仁慈和博爱的机会。没有任何一种美德比宽容之心更伟大，更值得赞颂了。不过这种美德只有在我们受到不公正待遇的时候才有可能具备，因此，即便对那些伤害我们最深的人，我们也应该怀着感恩的心情。伤害越深，宽恕就越艰难。越能做到艰难的宽恕，我们就越有可能成为顶天立地、雅量高致的人。

如果我们身处逆境，先不管造成这种情况的原因或者事情糟糕的程度，让我们看看所罗门会有什么建议：

意识到逆境是珍贵的生活经历　逆境可以在不经意间，反复而有效地磨炼我们的性格，这种磨炼只有身处逆境才能经历。所罗门提到，逆境是锻炼我们性格的炼金炉和炼银炉。当我们深陷逆境中，没有人会感到欣喜。然而，如果没有逆境的考验，就像缺乏锻炼的肌肉，我们的性格就永远不够坚强有力。

直到父亲去世，我才真切体会到失去亲人的感受。我以前从来没有经历过那样的悲痛。我非常想念他，比我以为的还要强烈。那时候，我才真正知道其他人失去父母遭受的是什么样的痛苦。之前碰到别人的父母去世，我也就是拍拍他们的肩膀，说几句无关痛痒的安慰话。而现在遇到这种情况，我能够真正地感同身受，确实地帮上他们的忙。

承认自己对目前陷入的逆境负有不可推卸的责任 许多时候，我们自己的行为直接或间接导致了厄运的降临。或许我们作了一个错误的选择或决定，或许我们只是没有做到我们应该去做的事情。如果我作出了失败的投资决定，那我就得为自己贪婪和幼稚的判断承担责任。当然，的确有人利用虚假的信息误导了我，但事实上，最后作出决定的人还是我自己。所罗门提醒人们小心，不要一遇到逆境就埋怨别人或者寻找客观理由，由于自己的过失导致的不幸，只能由你自己去承担。我就亲自尝过自己酿的苦果。

尽管如此，我们一生中经历的许多不幸，却并不是由我们自己引起的。在这种情况下，一定不要将过错归结于我们自己或者其他无辜的人身上。当我一位朋友的女儿死于白血病的时候，他对我说，他觉得一定是他从前所犯的错遭到报应了。换句话说，他在责怪自己。所罗门认为，有时候逆境具有人们难以明白和理解的意图。所有想要解开这个诱人谜团的企图不但毫无意义，也很愚蠢。

仔细研究逆境并从中吸取教训 在2004年12月26日发生的印度洋海啸里，我邻居家15岁的女儿在泰国遇难了。尽管她的父亲永远都不可能知道上天为什么要降下这样的灾难，但是他却从中领悟到生命转瞬即逝的道理。因此，他下定决心要在余生中活得更有意义。有感于那些同样失去亲人的泰国人对他的体贴与友爱，他也更加积极地帮助无家可归的人。当墨西哥湾沿岸地区遭到“卡特里娜”飓风袭击的时候，他第一时间在我们社区开展了募捐活动。

借助他人的智慧　许多时候，不幸会出其不意地出现在我们的生活中。面对困难，我们该如何去做？所罗门认为，一旦发生这种情况，我们应当寻求别人的建议。请别人帮忙分析形势，然后收集他们的观点，得出自己的结论。究竟什么地方出错了？为什么我没有预见现在的情况？是我有眼无珠，是我感觉出了问题，还是我太幼稚？旁观者的眼光有时候比我们这些当局者都更加敏锐。

惊慌、退缩、屈服甚至落荒而逃，都是我们遇到挫折时的正常反应。所罗门告诉我们，直面挫折才是更好的解决办法。他说："恶人虽然没有人追赶，依然逃跑；义人却像狮子，放胆无惧。"当不幸降临到你面前时，胆怯是没有用的。就像所罗门所说："你在患难的日子若是懈怠，你的力量就微小。"那些没有被吓倒的人，他们坚持了下来，他们的性格就会变得更坚强。坚定不移的性格对能否取得卓越成就来说是非常重要的，然而不经历挫折就无法激发这种品质。所罗门告诉我们："义人虽然 7 次跌倒，仍能再起来。"每次我们摔倒后重新站起来，都增强了我们的毅力与恒心，我们一生都会因此受益无穷。

总的来说，挫折和逆境可以使我们从两方面获益：第一，只有经历了逆境，我们才能拥有耐心、勇气、怜悯、仁慈、爱心、谦逊和忠诚等品质；第二，只有经历了逆境，你才能在别人遭遇逆境的时候提供更大的帮助。最能为身处逆境的人提供帮助的正是那些曾经亲身经历过逆境的人。

智慧知识

加里·斯莫利的行为准则，如何处理积极意义的冲突：不可行与可行。

不可行

1. **不要掩盖问题或忽略由此引发的痛苦。**不要以为息事宁人或者装作什么事都没有发生才是解决问题的最好办法。这样做，只会给你带来更大的痛苦，产生更大的麻烦。

2. **不要让正义的交锋降格为对对方人格的诋毁。**要就事论事，不要针对个人。争论的焦点要始终放在问题本身，不要将注意力放在攻击别人的弱点和人格上，从而削弱自己的论点。

3. **不要用过激的、刻薄的或者侮辱性的语言。**不要以偏概全或者夸大其词。如果你犯了这样的错误，争论的重点会由真正的问题转移到别的地方，对方一定会为自己辩护，或者寻找借口。这时无论你再说什么，他们都听不进去了。

4. **不要以施恩者自居，或自以为无所不知。**为了取得最好的结果，你应该本着谦虚的态度参加争论，让别人知道你也有弱点，也会犯错误。如果你的身份是对方的雇主、配偶或父母，这样做起来就非常困难，尽管如此，你也必须首先尊重对方，才能从对方那里获得尊重。

5. **不要将冲突扩展到其他问题上去。**不要使争论的重心发生偏离，要始终围绕着导致冲突的那个问题。

6. **绝对不要使用最后通牒和威胁。**使用最后通牒和威胁会将对方逼到无路可退的地步，有可能会引起他们不顾一切的反击。同时，争论的重心也会从导致冲突的问题上转移到威胁和最后通牒本身上去。

7. **不要使用无礼和侮辱性的肢体语言。**翻白眼、摇头、拍打额头，或者现在流行的用指尖敲桌子来回应别人的话，都是粗鲁而贬低人格的行为。

8. **不要插话。**让别人说出想说的话，并且要给他们机会把话说完。在此期间，你要留心他们说了什么，时不时还要点点头，表示你正专心地倾听。控制自己说话的欲望，要表现得有耐心。这样做会使对方觉得你很重视他们，而且既然你仔细地倾听了他们的观点，他们也能更容易接受你真实的观点和想法。

9. **不要抬高声音。**牢记："柔和的回答使烈怒消退，暴戾的话激动怒气。"即便是争论，语气中也要表现出你对他人的尊重。

10. **不要在双方对峙的时候中途走掉，退出或者挂断别人电话。**记住，要想使对方真正接受你的意图，在谈话中表现出你的诚意和尊重是唯一的办法。中途退出，走掉或者挂断电话传达给对方的恰恰是相反的意思。不过，有一种情况，也是唯一的情况，你可以挂断电话或者扭头走掉，那就是当对方开始变得过分激动或者口无遮拦的时候。

可　行

1. **中间喊停，休息一会，有利于控制住自己的情绪。**冷静下来再回来继续争论。

2. **争论某个问题之前要做好准备。**与其临时起意，鲁莽行事，倒不如事先花点时间思考一下，你准备通过争论达到一个什么样的目的。是不是仅仅想要解决新出现的问题？是不是希望改变一种长期的行为模式？是不是希望用更具建设性的行为模式替换以前陈旧、不理想的那个？是不是想要纠正别人的错误，还是以激励或者惩罚为主？你应该通过双方的冲突达到解决某个问题的目标，而不是使已经存在的问题更加恶化。如果时间允许，可以把这些目标先写下来，想想如何才能以最平和的方式开始这场面对面的交锋。

3. **如果你的目的是责备别人，“三明治法”是比较好的选择。**所谓“三明治法”，顾名思义，就是像三明治一样，将责备的话夹在两层称赞的话中间。先以对方某种优秀品质开始，中间说出对方应当受到责备的地方，最后以更多称赞结束。

4. **如果你想通过争论提出并解决某个问题，应尽量说一些与之相关的、正面的、积极的话。**你的目的不是打击别人，而是建设性地解决某个问题。而在争论的过程中加进一些鼓励和赞扬的话就会明白地告诉对方，你只是想帮忙，而不是故意针对他们。这样一来，他们接受起来会更容易，也能以积极的方式作出回应。

5. **一旦事情出现转机，要勇于提出或接受一个建设性的解决问题的方案。**换句话说，不要奢望一朝一夕就能解决问题。为了解决一个问题，应该心甘情愿与别人一起努力。要意识到，有时候时间才是使事情产生转机的重要因素。

6. **寻求对方的建议才能对问题的解决有所帮助。**这样做不仅表现了你的谦逊，而且表现了你勇于承担责任的真诚。同时，它还说明，你非但没有把对方当作敌人，反而愿意与他们团结协作，共同解决面临的问题。

7. **要以平和的心态面对对方的攻击。**如果对方说了什么不好听的话，你不但不能反骂回去，相反，你要催促他们把所有的不满都说出来。你可以这样问：“我还有什么地方得罪了你吗？”要使他们相信，你同样有弱点，同样需要进步。这样做会证明你对取得双赢结果的强烈诚意和期望。

8. **如果有可能，要向对方强调，正是出于珍惜和加强彼此之间关系的考虑，你才希望解决双方存在的问题。**要让他们知道，如果不是忠于他们，如果不是珍惜彼此之间的友谊或感情，你根本没有必要提出这样的问题，发生这样的冲突。

第9章

拥抱“甜蜜的”批评

为什么所罗门宣称相较于初恋，批评给人的感觉更加甜蜜？

如果被批评，该如何回应？

为什么所罗门会给我们“永远不要批评某些人”的警告？

轻忽管教的是藐视自己，听从责备的却得到智慧。

——箴言 15:32

He that refuses instruction hates himself,
but he who listens to reproof acquires understanding.

——PROVERBS 15:32

前文提到过，在一次美国公共广播公司的电视节目录制现场，我问了现场观众一个问题：“你们有谁喜欢被人批评？”没有一个人举手。接着我又问：“你们有谁痛恨被人批评？”这一次，基本上摄影棚里的每个人都举了手。最后，我问：“你们有谁小时候受过父母、老师、朋友或者其他人的责骂？又有谁到现在还记得当时的情况？”话音刚落，几乎每个人都举起了手。现场甚至有几位快80岁的老人都能回忆起年幼时候受过的责备，这在当时给他们带来了非常大的伤害。通过这个例子，我们可以看出严厉的责备会给人带来巨大的痛苦。大多数人都不喜欢被人批评，通常情况下，我们把批评当成仇敌一样看待，尽可能地躲避它，实在躲不过去，就采取反驳、狡辩、回避的态度对待它，或者反过来攻击批评我们的人。

像其他人一样，曾经我也非常痛恨受人批评。然而越是尽力躲避，我越觉得生活里似乎充满着责备声。我的朋友、老板甚至我的妻子，好像所有人都在责备我。针对这些责备，我也采取了忽视、回避、否认、辩解、争吵和狡辩等种种手段，更是经常将责任推到别人身上，恼羞成怒下还会直接针对向我提出批评的人，转而抨击他们。

 坦白的责备胜过暗中的爱

学习《箴言集》之后，我发现这样的反应比批评本身的害处还要

大。所罗门表达了他对这个问题的独特见解。他说对待批评，我们不应该像对敌人一样，而是应当把它当作自己的秘密情人，“坦白的责备胜过暗中的爱”。让我们回想一下初恋时的感受吧，你还记得吗？当收到心爱的人充满爱意的纸条时；当看着时钟度日如年，盼望着下一次约会时；当他（她）第一次牵你的手时；当你们第一次接吻时，那是多么美好甜蜜的回忆啊！然而，所罗门却宣称相较于初恋，批评给人的感觉甚至会更加甜蜜。

刚开始读到这句话的时候，我并不十分明白他的意思，我心里想：“所罗门说这句话到底有什么深意？”尽管如此，我还是决定采纳他的建议，试验一下它的效果。于是，当我再次受到别人的批评时，我不但没有心生反感，反而热情地接受了它。

> 那是我撰写的第一部比较重要的电视广告。我埋头苦干了好几天才完成。然而，当我兴冲冲地跑到老板家请他过目时，却被泼了一头冷水。他脸上非但没有露出我所期望的赞许的微笑，反而越往下看，他的眉毛皱得越厉害。看完之后，他抬起头来，很失望地对我说：“写得不错，但是没有点明卖点。”我的辛苦不但没有得到肯定，反而遭到批评，这让我很受打击。不过，幸亏这时我想起了所罗门的建议，我决定遵照他的教诲，把老板的批评当成秘密情人一样对待。于是我没有反驳，平静地接受了他的批评，只是问了他一句：“卖点？那是什么？”他开始向我解释什么是卖点，为什么如此重要，以及为什么应该出现在每个电视广告的第一行等等。几分钟后，我就写出了广告词的新开篇。这一次他听我念过之后，反应与先前完全不同，他满脸笑容地抬头对我说：“看，这就是卖点！”

我撰写的那个电视广告播出后一鸣惊人，为公司创造了每周 100 万美元的销售额，可以说它直接带动了整个公司的发展。正因为我接受了老板的批评，才对广告词进行了修改。不仅限于那一条广告，以后每次撰写电视广告，我都记得在第一句就点明卖点。在过去的 29 年里，我写的广告已经为我们公司创造了数十亿美元的销售额。

现在请回答我一个问题：如果一个陌生人突然走到你面前，递给你一张几百万美元的支票，你会像敌人一样，还是像朋友一样待他？我的老板对我提出的批评就是这样一个陌生人。所以，所罗门一点都不傻，他的建议貌似不太合理，其实大有深意。事实上，学会如何正确处理批评后，我的家庭生活和事业都更上一层楼，取得了以前做梦都不敢想的进步。

消极地对待批评导致的恶果

一般人面对批评都会作出错误的反应。回想一下，当别人对你提出批评时，你有没有条件反射地为自己辩护？回过头去抨击批评你的人？将责任推到别人头上，转而指责别人的过失？你有没有对批评无动于衷，或者坚决否认？如果你平常对待批评的反应符合以上任何一项，就证明你没有正确地对待批评。不过，也不要觉得自己无可救药，这些反应都是由我们的天性决定的。然而，如果我们任由本能驱使对待批评却是错误的做法，因为对批评的无视和敌视会给我们带来许多有害的后果。

苦恼、失望或者更糟糕的感受　所罗门写道：“轻忽管教的是藐视自己，听从责备的却得到智慧。”当然，这里的“管教”一词，是批评的同义词。希伯来语用“斥责”和“惩戒”来表示“建议”的意思，翻译成现代常用语，应该是“带有指导性的批评”。因此，所罗门说，那些不采纳指导性批评的人严重伤害了自己。与之相对的后半句话则表示，一个人听从了责备或批评，将会提升自己的智慧。

所罗门严重地警告了那些不能听从批评的人："轻视我的一切责备，所以他们必自食其果，必饱尝自己所设计谋的伤害。愚昧人的背道必杀害他们自己，愚昧人的安逸必毁灭他们自己。"也就是说，一旦你拒绝了别人的建议和批评，你就只好完全按自己的方式行事，而自行其是最终会将你引向毁灭。

无法解决问题 所罗门说，遵守教训的人，走在通向成功的路上；离弃（忽视或抛弃）责备的人，却会误入歧途。仔细观察一下时钟表面上的分针，时间间隔一分钟，分针所指的方向会有细微的差别。举例来说，12:00 和 12:01，指示这两个时间的分针之间只有 6 度的差角，然而，失之毫厘，谬以千里。如果一架预定飞往月球的航天飞机起飞时的方向偏差了 6 度（一英寸的若干分之一），在预定到达月球的时间内，它就会飞到距离月球 1.3 万英里的地方。所罗门说，如果我们错误地对待批评，我们就会偏离通往成功的道路。尽管刚开始只是小小的偏差，但是随着时间渐渐过去，它的后果可能会变得非常严重。所罗门警告说："人屡次受责备，仍然硬着颈项，他必突然毁灭，无法挽救。"我目睹了许多这样的例子。在人们的生活、婚姻、与子女关系中一次又一次地上演，他们的遭遇一次又一次证明了所罗门这句话的正确性。

贫穷和羞愧 所罗门警告说："轻忽管教的，必致穷乏受辱；看重责备的，必得尊荣。"有一次，我决定投资某个金融计划。那时候，我商业上的合作伙伴和我的财务顾问，还有我的妻子都不赞同那个计划，劝我放弃投资。但是我拒绝听从他们的警告和批评，固执地认为不可以放弃那个"千载难逢"的机会，还是投入了几百万美元。结果我失败了，所有的投资都没了。更让我难堪的是，我的家人、我的合伙人和我所信任的财务顾问都目睹了我的失败，羞愧这个词都不足以表达我当时的感受。

愚　蠢 所罗门用一句话总结了拒绝批评可能产生的后果。"喜爱教训的，就是喜爱知识；厌恶责备的，却是愚顽人。”曾经有许多次，我对别人的责备充耳不闻，一意孤行地沿着自己制定的路线全速前进，结果每次都元气大伤。现在，每当我回想起这些往事，我找不出比“愚蠢”更好的词来形容以前那些行为。而且我敢打赌，所有亲身经历过失败的人都会选择那个词来形容我当时的行为。

正确回应批评会给你带来的益处

假设你生病了，医生给你开了一份新药处方，他让你3天后再来复诊。如果复诊时，他一副担忧的样子对你说，你的身体对新药产生了“排斥”，你肯定会非常惶恐不安。然而，如果他笑眯眯地说，你的身体对新药“反应”良好，你就会感到很放心。这个简单例子很明确地比较了“排斥”和“反应”两个词的区别。“排斥”批评可能会导致毁灭一生的后果；而对批评产生正确的“反应”则会使你受益无穷。

如何应对批评

更充实、更有成就感的生活 所罗门告诉我们，回应批评的人，终将走在通向幸福的道路上。

智 慧 据所罗门说：听从和响应责备的人能获得智慧。而一旦得到智慧，你一生都会享受到它所带来的一切益处！我们又会发现，听从责备的人、接受管教的人其实都是有智慧的人。真正的智慧到底有多大的价值？史上最富有的人在《箴言集》通篇都想传达给我们这样一个信息：智慧比金银珠宝或任何数目的钱财都更有价值。

更多快乐 所罗门认为批评比秘密的恋情更甜蜜。他告诉我们：“膏油和香料使人心畅快，朋友真诚的劝勉也使人觉得甘甜。”后来，他又说，受到智者的责备，并按照他的建议去改正，比获得一件精美的珠宝还要珍贵。

荣　誉　所罗门告诉我们，正确回应责备的人，一生必会获得尊荣，任何金钱都不能换得。最近，我 9 岁大的儿子参加了一次演出，在那场钢琴演奏会上，他独奏了《歌剧院的幽灵》这首曲子。曲子很长，活页乐谱就有 6 页，不过由于他弹奏得非常投入，根本没有用上。在同时演出的孩子中，即便是十几岁的大孩子都不会挑选这么难的曲子来演奏。当我的儿子演奏结束时，他得到了观众们热烈的掌声，一位家长甚至肃然起敬地看着我。不过他们都没有看到，在准备这场演出的几个星期里，他的音乐老师是怎么指导和责备他的，而我的孩子又是怎样虚心地接受并刻苦练习的。

敏　锐　因为工作的原因，我乘坐过几百个航空公司的飞机，飞行距离累积长达上百万英里。我在旅途中邂逅的所有人里，许多坐在我旁边的旅客都很普通，有些人有点意思，只有很少的一些人思维非常敏锐。在这里我想用敏锐这个词表达的意思是，他们智商很高，理解力很强，反应很快，这些都给我留下了很深的印象。如果一个人具备超乎寻常的敏锐，他们一开口讲话就能体现出来，在商业领域，这样的能力所具有的价值难以估量。

磨刀的过程噪声很大，令人筋疲力尽，不管是被磨的刀还是磨刀的石头都会产生很大的热量。训练敏锐的过程也是如此。我最好的朋友们同时也是最不留情面向我提出批评的人，在我的一生中，不断受到他们的磨砺，这个过程并不好受。所罗门告诉我们：“爱你的人给你的创伤是出于忠诚。”换句话说，朋友的逆耳忠言比不相干人的赞许要重要得多。如果我们能正确地回应朋友提出的批评，我们最终会因此获得成功，面对生活的挑战也会更加胸有成竹。

学会"三明治法"批评

多年以来，我发现想要正确回应批评只有一个办法。不过，只要你能做到，就再也不会受到批评带来的伤害了。

通过三个步骤可以将批评从可恨的敌人转化成宝贵的同盟军。第一，认真考虑批评的来源；第二，确定批评的正确性；第三，必须按照你所认同的批评改正自己的行为。

考虑批评的来源

你的批评者，凭借他们自身的知识和经验是否足以作出这样的判断？他们的观点是全面还是片面？符合事实还是歪曲事实？

当我的第3个老板开除我的时候，他说："你永远不可能在营销上搞出什么名堂来。"然而，他究竟有没有资格作出那样的预言呢？尽管他是一个营销专家，但是，他却不是预言家也不会算命。你常常会碰见这样一些并不具备什么资格的人向你提出批评，一旦意识到这种情况，你可以不必留意他们的责备。

不过，从另一方面来说，我的第10位老板针对我的工作提出的批评可谓一语中的。他说我创作的第一个电视广告"没有写进卖点"，在这一点上，他是最有资格向我提出批评的人。

确定批评的正确性

第3个老板对我的责骂给我留下了难以磨灭的印象。他宣称，我是他"整个事业生涯碰到的最大的失败"！刚听到这句话时，我受到很大的打击。不过仔细回想一下，我感觉需要重新考虑他这句话的正确性。他在整个事业生涯中碰到的最大的失败肯定不会是我。对他来说，我压根没有那么重要。他是一家大公司市场部资深副主管，而我只是一名小小的生产部门经理助理。我敢保证他在那么长的营销生涯中肯定遇到过比我这个工龄不满 9 个月的经理助理还要头痛的人物。

当我意识到他的话纯粹是夸大其词之后，我就没有那么难受了。他这样说的目的就是要伤害我。如果你能仔细分辨，就会发现，许多针对你的批评并不十分切合实际。

周密考虑，对批评作出恰当的回应

最后一步也是最关键的一步。遇到批评时，先不着急排斥它，而是要先对它“加以考虑”，这样可以帮你赢得时间，对批评进行分析，确定其来源和准确性，然后作出最恰当的回应。

圣迭戈附近有一处海滩，当早上的阳光照射到上面的时候，好像有无数细小的金片在闪闪发光。有一次，我正躺在那片沙滩上享受阳光，却遭到了调皮的儿子们的突袭，被他们当头浇了一桶海水。受人批评与被人当头浇一桶冷水的感觉十分类似，都会让人措手不及。

虽然批评通常也是出其不意，让人震惊，但是，我们却没有必要因此而逃开或者反过来攻击批评你的人。责备的话就像泼到脸上的水，用毛巾一擦就没有了。然而完全像水一样的责备也是毫无用处的，它们所能代表的就是那些被过分夸大和概括的部分。孩子们向我泼了一桶海水，正如那桶水，责备的话里也含有沙子。沙子迷进眼里会感到疼痛，视线也会变得模糊，周围的一切都看不真切了。在这种情况下，你一门心思只想赶快把沙子从眼里弄出来。其实不用紧张，迷眼的沙子也很容易洗掉。一旦洗掉了眼睛里的沙子，你的视野就会重新变得清晰，你又可以注意周围其他重要的事情。在责备的话里，沙子就是指那些刺痛你的部分。批评者激动的情绪和愤怒，他们尖刻的话语和暗示，甚至他批评你的动机，都会让你觉得难以忍受。想要去掉这类“沙子”，最好的办法就是把批评者的话准确地记录下来，搁置一段时间以后再看。那个时候，因为没有了说话时的肢体语言或语气的推波助澜，就可以筛除批评中最伤感情的部分，这样也可以避免你因为受到太大的刺激而控制不住自己，而立刻就对批评产生排斥情绪。

下一步，你需要考虑批评者的动机。如果他们是抱着伤害你的目的对你提出批评，那么这些人是否值得继续交往下去就是个问题了，你应该重新考虑今后与他们的关系。然而，大多数情况下，提出批评的人本意都是好的，他们或者想纠正我们的错误，保护我们；或者想为我们指出一条他们认为正确的道路。如果是这种情况，理解了他们的动机，你就不会那么容易受到批评的伤害，也能更加客观地接受他们的批评。事实上，无论他们的动机是怎样的，只要你采取了这个最后的步骤，他们的批评就永远不可能伤害到你。即便他们用心险恶，你也能从他们的批评中受益终生。

从批评中淘金

孩子们朝我泼的那桶海水里含有金沙。正如这桶水，责备的话总是有价值的。有的可能只是最细小的一粒金沙，有的却可能包含有一大块天然金块。认为我写的广告缺少卖点的那个老板，他给我的批评的价值就相当于银行里一座装满金块的金库。而在另一位老板的话里，我需要用放大镜才能看清他话里的金子。当他说我是他整个职业生涯唯一最大的失败时，我不得不问他，为什么火气这么大？怎么忍心对一个23岁的后生之辈说出那样恶毒的话？回想9个月以来，我为他工作，早已厌倦了一成不变的工作程序，我开始在业余时间做兼职，为公司的另外一个部门做项目。他认为我的行为是对他的背叛，其实这才是他如此愤怒和苛责我的真正原因。在我以后的工作里，他的话始终提醒着我，一定要对老板忠心，忍住去做兼职的诱惑。能得出这样的结论，受到这样的批评也值了。虽然我前老板的原意是要给我造成伤害，然而我却利用他的苛责为我未来的事业服务。如果你也能本着从批评中淘金的态度，无论批评的话听起来有多么伤人、多么令人绝望，你都能从中找到大块的金子，并且能够永远改变你的人生。

提出批评的恰当方式

即便你是某人的老板、爱人、父亲或者母亲，你都不能随随便便去批评他。很多时候，我们的批评都是没有必要的。有些太过伤人的批评，非但起不到规劝作用，反而可能制造更大的问题。我们要乐于接受别人的批评，而在给别人提出批评时却要三思而行。所罗门警告说，我们的苛责可能会伤害和打击别人的心灵，会实实在在改变他们的人生。所罗门说："人的心灵能忍受疾病，心灵忧郁，谁能承受呢？"人们通常有勇气面对身体上的伤害和疾病，但是，心灵受到创伤是谁都无法承受的。

正因为如此，激励性的批评是人生非常重要和必需的一部分。尽管批评别人要谨慎，但是遇到真正需要批评的情况也要毫不吝啬。然而，批评的方式有千百种，却只有一种是正确的。我们首先需要注意的就是，不要在生气的时候批评别人。记住，批评别人一定要本着善意的原则，希望事情向有利的形势发展，这才是提出批评唯一正确的目的。所以，如果你正在气头上，就先休息一会，等到完全冷静下来再向别人提出批评。其次，斟酌你想说的内容和方式。事实上，在前一章末尾列出的"处理冲突的不可行与可行"中，许多条建议虽然都是为了解决冲突而提出的，不过它们在提出和接受批评这个问题上也同样适用。

加里·斯莫利博士有一套提出批评的方法，我已经用了很多年，几乎每次使用都有积极的效果。加里把这套方法称作"三明治法"。三明治都是两层面包片夹着中间一层好吃的肉或者花生酱，把这个比喻放到批评中，"外面两层面包片"指的就是称赞和积极的评价。

所以，在你提出核心内容之前，先铺垫一些称赞和鼓励的话。用你的语气、温柔的话语和眼神表现出你对他们的尊重。

然后就可以将话题转移到核心内容上去了。告诉他们什么地方做错了或者做得不够完美，建议他们如何改正。在给出你的指导建议的同时，也要听听他们的想法。让他们从你的举止和话语中认识到，你其实是站在他们这边的，而且你这样做的目的完全是为他们着想。

最后，在核心话题之后，还要再加一层鼓励的话，特别的一句称赞，或者拍拍肩膀，都是非常有效的方式。

警告：永远不要批评某些人

批评的本意是为了帮助别人。对于那些只会忽视、反感或排斥批评的人，所罗门警告我们不要试图去批评他们。他写道：“你不要责备好讥笑人的人，免得他恨你。”他又说：“纠正好讥笑人的，必自招耻辱；责备恶人的，必遭受羞辱。”这样的人我们都见过。如果我们责备这样的人，他们反而会仇视、侮辱或者辱骂我们，就让这样的人自食其果吧。所罗门说：“不要说话给愚昧人听，因为他必藐视你明慧的言语。”

想要改变某种坏习惯，最好的办法就是回顾过去，将经验和教训铭记在心。这样做可以有效地帮助你改变对批评的排斥态度，从而能够理智地面对它。这样做也可以使你能够更有效地为别人提供建设性的批评意见。

智慧知识

接受批评

1. 你在家庭和工作上都受到过哪些记忆犹新的批评？把它们列出来。

2. 提出这些批评的人有没有这样的资格？在列出的每条批评之后，写上"V"代表非常有资格，"S"代表有一定资格，"N"代表没有资格。

3. 提出这些批评的人基于什么样的理由这样做？在列出的每条批评旁边写上：

★ E 基于感情因素

★ PE 基于以往的经验和失败的教训

★ LU 基于他们对你目标、意图和愿景的不了解或不理解

★ CT 基于他们固化不知变通的思想

★ L 基于逻辑

★ RS 基于客观形势

4. 提出批评的人，他们的动机是什么？是否为了你或共同的事业着想？是否真正的大公无私？或者基于某些自私、嫉妒、恐惧、憎恶、伤害或愤怒的原因，或者干脆就是因为他们自身的幼稚无知才向你提出批评？

5. 回想一下，他们提出的批评是否正确？

★ 给批评中的"水"下个定义，即：哪些是夸大不实或毫无意义的部分

★ 给批评中的“沙子”下个定义，即：哪些是最能激怒和刺伤别人的部分（具体的词语、语调和批评的实质等）

★ 给批评中的“金子”下个定义，即：哪些是真理，对你的未来能够产生帮助

6．对这些批评，你有什么样的反应？愤怒、自我辩护、否认、指责、责难、逃避？或者听从、承认、感谢？或者向批评者解释你的想法和行为？

7．假设你当时采取了别的方式，现在会不会取得更好的结果，会不会更有利于你的成长和你与批评者的关系？

8．将来你有什么处理批评的好方法？把它们写下来。

提出批评

1．你是否动不动就批评别人？或者你提出批评之前都会经过深思熟虑？（问一下你的家人、朋友和同事。）

2．你提出批评之前有没有经过充分准备？有没有只是迫于形势或者鲁莽行事的情况？

3．当你提出批评的时候，究竟本着高人一等的心态还是纯粹帮助他人的心态？

4．别人是否因为你的批评感觉好些，或者更糟？

5．想想最近有没有对别人提出过批评，列出来。如果想不出来，可以问问你的爱人、孩子、父母、兄弟姐妹或者同事。

6．在每条批评旁边，描述一下你提出它的方式，别人接受它的方式，以及最终对他们生活产生的影响。

7．想一种更好的方式提出每一条批评，以及因此可能带来的更积极的结果。

8．假如当初使用“三明治法”提出批评，情况会有什么不同？举一个例子。

第10章

The Richest Man Who Ever Lived

排解不可遏制的愤怒情绪

为什么看似平常的人会制造出骇人听闻的惨案？

为什么人们总是控制不住自己的怒气，从而做出愚蠢的行为？

我们该如何平息他人怒火？

烈怒好比凶残，暴怒好像狂澜。

——箴言 27:4A

Wrath is cruel and anger is outrageous.

——PROVERBS 27:4A

最近在我们社区发生了一件骇人听闻的事件，一位年仅23岁的女子被残忍地杀害了。当时她正坐在自己停靠在路边的汽车上，与她的姐姐和3岁大的女儿一起。这时候，她的前男友走过来，他们开始争吵，接着他怒气冲天地掏出一把锯短了的猎枪，打死了她。今天早上，我还在报纸上看到，一位父亲，因为女儿被高中垒球队的教练开除了，便怒不可遏地用球棒把教练痛打了一顿。

虽然这是两个极端的例子，然而类似的事情却每天都在发生。即便相对较弱一些的愤怒也会导致严重的后果，它每天都在破坏着人与人之间的关系。我的一位年轻朋友，结婚刚满4个月，因为问了丈夫一个无足轻重的问题，就遭到了毒打。她自己并不觉得这个问题有什么不妥之处，却惹得她的丈夫勃然大怒，将她推翻在地，并用膝盖顶着她的喉咙。她的丈夫是一名成功的医生，周末甚至还兼职做教师，以前也并没有暴力行为的记录。

以上提到的这些人，并没有人事先计划好，要在那天做可怕的事情。那位前男友刚开始并不想杀人，他只是想从前女友那里要回曾经一起用过的汽车；而那位父亲刚开始的打算，也只是想要教练让自己的女儿重新进入球队；至于我那位年轻朋友的丈夫，他那天下班后也盼望着回家和新婚妻子度过平常的一天。

既然没有预谋，为什么那些人会做出愚蠢的举动，甚至为此丧失了他们所珍视的一切？所罗门知晓这个答案，因为他们没有学过如何处理自己的愤怒情绪。正如所罗门说的那样："轻易动怒的，行事愚妄。"如果不加以控制，愤怒可以毁掉你一时甚至一生的幸福。它可以毁掉你的爱情、亲情以及工作上的合作关系。事实上，婚姻问题专家加里·斯莫利博士就说过，怒火是导致离婚和其他关系破裂最首要的因素。

愤怒的破坏力

所罗门将怒火的破坏性描述为狂风暴雨或者洪水，他甚至用了"狂澜"这个词。你有没有遭遇过突如其来的暴雨？去年有一次，我正开车行驶在高速公路上，这时一场暴雨从天而降。虽然我已经把雨刷开到最高速度，5 英尺之外还是一片迷蒙。我不得不停靠在路边，等这阵大雨过了再走。我的一位高中校友就没有这么好运了。她的车在暴雨中失控滑出路面，撞在了水泥墙上，她则当场死亡。

洪水的意义更接近"狂澜"。它所经过之处，一片狼藉，无论公路、桥梁、建筑物还是人畜，都不能幸免。这正体现了愤怒的真正性质。愤怒就像下雨一样，起先只是毛毛雨，后来却有可能发展成倾盆大雨。它又像海啸，前一秒还很平静，突然之间就像从天而降，横冲直撞，毁掉沿途的一切。你的怒气属于哪一种类型？可能你会想："是啊，我的确有点脾气，可是这有什么大不了的。"但是事实却是，小小的脾气也能在瞬间发展成狂风暴雨甚至洪水，连你自己也无法控制。

如果与你关系很亲近的人冲你发火，你会有什么感受？无论你有什么反应，避开还是反击回去，继而与他们发生冲突，成为别人发火的目标都不是一件令人高兴的事。你会感到不安，或者更糟。没有人想跟暴怒的人待在一起。如果发火的人是你，你会有什么样的心情？你能以平静的心态开始你一天的工作吗？你的怒火是否会愈演愈烈？你的整副心思和情感是否都会受到它的控制？通常来讲，大多数人既不喜欢生气也不喜欢成为别人发脾气的靶子。

愤怒引发争端 所罗门说："脾气暴烈的人常引起纷争；不轻易动怒的可平息争执。"如果你生活中冲突不断，那很可能是你自己存在的问题引发了这些冲突。你可能从来没有有效地解决过自己的怒气。

愤怒使我们孤立 所罗门告诉我们："容易发怒的人，不要与他为友；脾气暴躁的人，不要与他来往。"每个人都会本能地远离发怒的人。而当怒火消散之后，我们又会本能地为自己制造一个理由，试图恢复与别人的关系。所罗门建议我们不要与怒火难平的人打交道。想想吧，每年成千上万的人被杀害，无数人受到身体上的虐待，都是因为那些行凶的丈夫、妻子、男友和女友们没能控制住他们从心底蹿上来的怒火。

愤怒贬低我们自己和他人 所罗门说："轻易动怒的，行事愚妄。"你有没有做过让自己感觉是个彻头彻尾的大傻瓜的事？甚至周围的人都因为你而难堪？暴躁易怒的人很容易做傻事，因为愤怒扭曲了他们的观点和立场。愤怒可以降低人们正确判断形势和分析别人言行的能力。因此，人们在愤怒的控制下，情绪常常过激，无法根据形势作出正确的反应。

平息怒火会带给你意想不到的好处

你将拥有解决争端和冲突的能力 所罗门宣称："不轻易动怒的可平息争执。"即使你正处在一场辩论和争斗中，控制好自己的脾气也可以使你保持客观性。你冷静的风度不仅可以给争论施加正面影响，与正处在气头上的人相比，你也能更加清晰正确地分析形势，找出解决问题的办法。

你将拥有更明辨的头脑 所罗门说："不轻易动怒的，十分聪明；轻易动怒的，大显愚妄。"因为你的洞察力没有被愤怒所蒙蔽，你明辨形势的能力就会增强。

你将取得更大的成就 所罗门说："不轻易动怒的，胜过勇士；克服己心的，胜过把城攻取的人。”社会上遍地都是冲动鲁莽的人，所以那些能够控制自己情绪的人占尽优势。比起一般人，他们不仅能在工作上取得更大的成就，还更有可能享受幸福的家庭生活。

你将受到他人高度尊重 所罗门说：“人的明慧使他不轻易动怒；宽恕别人过失的，是自己的荣耀。”我儿子瑞安在橄榄球队担任跑卫（通常站在四分卫的后面，负责带球跑动，在传球进攻战术中阻拦对方球员冲击四分卫以及接四分卫的传球）的位置。最近，在一次比赛中，他遭到对方一名球员的故意冲撞，裁判示意犯规。当瑞安从地上爬起来时，我注意到他脸上痛苦的表情。5分钟后，对方控球，这次瑞安在防守边锋的位置。他一个鱼跃将撞倒他的那名球员擒抱后一起摔倒在地，我看到瑞安跑过去询问躺在地上的对手有没有事。等到那名球员喘息稳定，瑞安又伸手拉他站起来。瑞安在这个赛季得了不少首攻和触地得分，但是他的那些成绩都比不上那一刻让我感到骄傲。瑞安的行为正是所罗门“明慧使人宽恕”的真实写照。

七步骤排解怒气

怎样做才能减轻愤怒对我们的影响？怎样做才能使我们不那么容易发火？怎样做才能平息他人的怒火？

愤怒的根源

根据加里·斯莫利博士的观点，愤怒不是人类最基本、最直接的情感。它是由人们心中未获得排解的痛苦、沮丧和恐惧等一种或几种情绪导致的间接情感。如果我们能在生气的时候找到怒气真正的源头，就有办法使它很快消除；或者我们也可以根据周围环境作出反应，调整心态。如果没有找到，我们只能将怒气发泄到别人身上，再不然就积压在心里。通常情况下，大多数人会选择后两种。我们前面已经说过，将怒气发泄到别人身上会产生许多不良后果，这个过程不仅会伤到别人也会伤害自己。积压和掩藏怒气同样不可取，这样做会引发愤世嫉俗的情绪，最终会毒害我们的思想。或迟或早，当我们的思想不堪重负，无法再继续承受这些负面情绪时，我们的脾气就会变得暴躁易怒，一触即发。

唯一能有效消除愤怒的方法就是从根源上杜绝愤怒情绪的产生。我们必须好好解决在日常生活中遇到的伤害，以及随之而来的沮丧和恐惧情绪。如何才能做到这一点呢？加里·斯莫利博士认为，处理这些问题并不复杂，但也不容易。之所以说它不复杂，是因为这些情绪有一个共同的根源，那就是：人们心中的期望没有获得满足。

刚出生的婴儿，百分之百的需要都要依赖别人来满足。随着年龄的增大，童年的时候，我们大部分的需求仍然需要别人来满足。即便成年了，在许多方面还是期望别人能够满足自己。结果，我们形成了一种不切实际、以自我为中心的心态。这样的心态可能会成为我们通往幸福之路的绊脚石，而且是最大的一块。它使我们对每个有交往的人产生一系列幻想，这些不现实的期望存在于我们的潜意识里。我们期望别人给我们带来幸福和满足；我们期望别人给予我们尊重和赞赏；我们期望别人都能善待我们，不要做出伤害我们的事。因为所抱期望过多，一旦这些期望没有得到满足，或者比这更糟，我们得到的是与期望相反的结果，我们就会感到沮丧，感到心灵受到了莫大的伤害。满足这些期望变得遥遥无期，而耽搁的时间越久，我们越害怕这些期望可能永远都无法实现。这些无法排解的伤害、沮丧和恐惧的感觉逐渐累积，就形成了另外一种间接情感：愤怒。

怎样才能有效处理这些无法满足的期望呢？首先，找到并确定它们。每当你感到受伤、沮丧或者害怕的时候，请你扪心自问，是不是有什么期望遭到了别人的忽视或拒绝。一旦确定了是哪些期望没有得到满足，你有两个选择：要么你咬紧牙关，抱住期望决不放手；要么你就打开心锁，彻底放开这件事。人们通常会由着本性的驱使选择第一条道路。然而，坚持下去的后果只有一种，就是使本来就存在的受伤、沮丧和恐惧的情绪更加激化，从而促生出愤怒、憎恨和怨毒等更加恶劣的情感来。如果你选择了彻底放开那些期望，不再强求别人满足它们，回来继续过自己的生活，那么，你就会获得心灵上的平静，也决不会受到愤怒情绪的干扰。

消除不可遏制的愤怒情绪

加里·斯莫利博士说，每个人心里都有一个“怒气杯”，如果把我们胸中的怒气比喻成水，里面盛的就是我们长年累月积压下来的愤怒情绪。有些人的杯子已经满得快要溢出来了，这些怒气可能是用一生的时间积压下来的，也有可能只用一天就积压了这么多，无论如何，这时候只要有人再往里面注入一滴，整杯怒气马上就会奔泻而出，当头泼到这个人身上。任何微不足道的小事，比如在高速路上被拦下，或者别人没有答应自己的要求，都有可能立刻打翻这个“怒气杯”。有些人表现为大发雷霆，产生抵触情绪，背后诋毁别人，或者直接大打出手。也有人会将怒气继续收集起来，让怨毒、嘲讽、憎恨或压抑的情绪继续毒害自己的思想和感情。

然而，另外一些人的怒气之杯却还有90%的空余容量。这样一来，即便他们受到什么刺激或者遇到期望未获得满足的情况，也不会有爆发的危险。你的“怒气杯”有多满？满得快要溢出杯沿？2/3满？还是基本上空置？无论你的“怒气杯”积压的怒气是多少，最重要的是，如何才能将怒气从杯中排出去，使它始终保持空置的状态。

加里·斯莫利博士在他的录像教程《良好人际关系的潜规则》（*Hidden Keys to Loving Relationships*）里揭示了七个步骤，可以帮助我们排解心里积压的愤怒情绪。任何时候，因为任何理由发怒，你都可以通过这七个步骤，排空你的“怒气杯”，阻止憎恨和怨毒等负面情绪毒害你的人格。这就是所罗门所谓的“不轻易动怒”的含义。

心理学博士七步骤排解怒气

1. **将受到的冒犯写下来** 我们感觉受人冒犯的情况不外乎两种：要么别人没有满足我们的欲望，要么别人加深了我们失去的恐惧。任何一种情况都会让我们感觉受到伤害。写下别人冒犯你的细节。例如，他们从你这里夺走了什么？这样的行为给你带来的损失是长期的，还是暂时的？会不会随着时间的流逝而消散？他们有没有伤害你的自尊心？有没有伤害你的感情？在气头上，你很容易就情绪失控，无法理清思路。如果把别人冒犯你的细节写下来，通常就可以从一个更加现实的角度来看待这个问题了。

2. **自己受到了损失，发泄内心的悲痛** 有时候，我们会遭受极大的损失。有一次，我将一生的积蓄托付给一个人，进行保本增值的投资。然而他却把我的钱用到风险极高的投资上去，直到出现亏损，他还在继续欺瞒我。结果仅仅几个月的时间，我一生的积蓄就缩水了95%。不用说也知道，我当时有多么生气。还有，自从父亲去世之后，我就感觉自己对待孩子们、妻子还有雇员们的耐心大不如前，却不知道其中的原因。后来仔细想想，很可能是父亲的去世造成的后遗症，这个损失造成的伤痛一直埋藏在我心底，没有排解出去。每当遭受这样巨大的损失，加里·斯莫利博士都提醒我将它们写下来，然后给自己一段时间，把自己的悲痛发泄出来。如果继续埋在心里，伤痛就会转换成愤怒积压下来。

3. **试着更好地理解冒犯者的意图** 为什么那些人要说冒犯你的话，要做伤害你的事？他们是明知故犯还是无心之过？他们对别人也如此吗？还是他们遭受过同样的对待？他们有什么样的行为准则？他们这样做仅仅是因为幼稚无知吗？每个人都有弱点，人人都可能犯错，而且经常会在无意间给他人造成严重的伤害。当你意识到，别人对你的冒犯其实源自于他们性格上的缺陷、不成熟或者无知的时候，他们所造成的伤害就不会像刚开始时那么严重了。多年来，我的妻子香农始终认为她的一位朋友故意针对并为难她。其实那位朋友待人一向如此，而且她也并不是故意要去伤害别人，只是由于她的成长环境和个性造成了这样的后果。香农后来终于得知这些情况，她心里积压的怒气立刻便烟消云散了。

4.**“寻宝计划”** 寻找当时情况下的积极因素。受到别人冒犯之后是否使你抱有更强的同情心？这件事是否促使你下定决心，绝不让别人经历自己所受的痛苦？我的一位朋友的孩子死于一场车祸，司机肇事后逃逸。发生那场悲剧之前，我的朋友根本没有去过儿童医院，平时即便看到类似的新闻也没有投入太多的伤感和同情。然而，失去女儿后，他变成了我所见过的最有同情心的人。他定期到当地的儿童医院服务，义务为生病和受伤的儿童以及他们的家长提供心理上的支持和安慰。

美丽的珍珠是受到沙砾伤害后流下的眼泪。我们经历了冲突、磨难、怒火和冒犯，我们为了所有这些伤害流下的眼泪也可以变成珍珠。让我们一起来寻找吧，让我们最初的伤心和愤怒被感恩代替吧。

5.**写封信（不过不要寄出去）** 为什么写了信却又不寄出去呢？我们可以通过手中的笔或键盘，将内心的怒火、恨意和怨气统统发泄出来。不过写这些信的重点在于过程，而不在于能不能让别人读到它。写信时，我们应该尽可能真实而详细地展现我们的内心，不要有所顾忌。既然我们的目的是痛快淋漓地发泄，内心的自我克制只能阻碍目的的实现。

6.**不再追究别人造成的伤害，不再将期望加诸于那人身上** 所罗门告诉我们，宽恕别人的过失是自己的荣耀。希伯来语中“宽容”一词的含义是：“把它放到一边，继续前行。”希伯来语中“宽恕”一词就是“放开”的意思。想要真正宽恕别人，你必须放弃追究他们的过失，原谅他们给你造成的伤害。宽恕不是一种感情或者一个名词，它是一种选择。所罗门说，一旦你选择了宽恕，你就能得到荣耀。放开别人的过失，放开对他们不切实际的期望，你才能放开愤怒和怨恨，真正得到解脱。

7. **主动伸出和解之手** 在人生安全得到保障，没有潜在危险的前提下，主动与冒犯你的人和解，表现出你的善意和理解，会给双方带来极大的好处。举个例子吧。我商业上的合伙人吉姆，他与父亲之间的关系几乎到了水火不容的地步。他整个童年都生活在父亲的暴力阴影下，他弟弟和母亲也经常遭到父亲的虐待。对他们来说，毒打成了家常便饭。长大之后，吉姆仍然痛恨他的父亲。在加里·斯莫利博士的劝导下，吉姆采用了解除怒气的七步骤。整个过程中最难的部分就是主动争取和解这个环节。当他终于下定决心迈出这一步后，奇迹发生了。他和父亲开始了一种全新的关系，这不但消除了吉姆心中郁结一生的恼怒，同时也彻底改变了他父亲的生活。在他父亲人生的最后 20 年里，他们一直保持着令人惊讶的良好关系。

平息他人的怒火

想要平息他人的怒火，我们其实需要做两方面的工作：消除他们在特定场合下的愤怒；帮助他们清理心中积压的怒火。先让我们看一下，所罗门对于如何消除某个特定场合下爆发的怒火有什么建议。

1. **以柔和对暴戾** 所罗门说：“柔和的回答使烈怒消退，暴戾的话激动怒气。”不要因为别人用言语侮辱你，你就要侮辱他们；相反，要用柔和的语气、善意亲切的话语来回应他们。这样做通常会使对方的怒火平息下来。

2. **不要火上浇油** 所罗门写道：“没有柴，火就熄灭。”在争论的时候，我们总想着压倒别人，比别人多说一句话。然而这样做的后果无异于是往火里面添加干柴甚至汽油。如果我们所说的话、所做的事果真伤到了别人，不要一味地抵赖或者寻找借口，只要我们承担责任(或者接受别人的责备)，就可以釜底抽薪，平息怒火。

如果你的暴怒对别人造成了伤害

每次我们对别人发脾气，都会给他们带去伤害。如果他们足够成熟大度，这件事可能会得到恰当的处理。然而，通常情况下，忘记伤痛并不容易做到。你必须想办法弥补你所造成的伤害，这个过程与排解自身怒气的过程非常相似，只不过施动对象调换一下。除了排解怒气七步骤之外，你还要做到：

确定自己在什么地方冒犯了别人 你究竟做了什么事伤害了别人？你如何拒绝或忽视了他们的期望？你如何加深了他们失去的恐惧？你又是如何没有满足他们的欲望？明确地分析自己的行为给别人造成了多大程度的伤害和这些伤害的实质。(不要为自己的错误寻找借口，或者人为地降低它的严重性。)

表达你的悔恨之意 指出你冒犯别人的细节。没有人会喜欢或者相信空洞无物的道歉。表达歉意的时候要具体分析自己所犯的错误，这样做会使人相信，你真正明白自己错在哪里。

请求原谅 同样，也要具体指出究竟希望别人原谅你什么。

努力修复被损害的关系 要让别人知道你完全尊重他们的选择，接不接受你的道歉、如何接受全凭他们自己做主。

真正的智慧永远先发制人，不会陷于被动 所罗门给我们指明了方向，可以帮助我们不再继续受伤害、沮丧、失望和愤怒等情绪的荼毒。如果我们可以摆脱本能的左右，以德报怨，对待那些冒犯过我们的人，真正的智慧就会降临到我们身上。

永不寻求报复 所罗门说：“你不可说，‘人怎样待我，我也怎样待他；我要照他所行的报复他’。”他警告我们，不要采取任何形式的报复，无论言语上还是行动上。他说："挖掘陷坑的，自己必掉在其中；滚石头的，石头必反砸在自己身上。"

不要因为看到伤害过你的人遭受伤害而幸灾乐祸 所罗门说："你的仇敌跌倒时，你不要欢喜；他绊倒时，你心里不可欢乐。"

寻找以德报怨的机会 所罗门写道："如果你的仇敌饿了，就给他食物吃；渴了，就给他水喝。"的确，这种做法与人类本性相悖。然而，如果我们能在他人落魄的时候帮助那些冒犯过我们的人，我们不但可以平息他们的怒火，而且还能让他们知道我们宽宏大量、推己及人的个性。

根除愤怒情绪绝非一日之功

穷尽一生，我们必须不断努力，消除愤怒这种情绪。不过事情也有好的一面，至少这样的辛苦可以使我们免受愤怒的伤害，不管发火的一方是我们自己还是别人。愤怒的情绪刚开始时就像下小雨，这儿一滴，那儿一滴。如果放任不管，它就像所罗门警告过我们的那样，发展为洪水。不过，你可以采取某些措施来保护你的人生或者人际关系不受损害。这样做可以帮你清空心中的怒气之杯，并且使它一直保持空置的状态。

智慧知识

你的“怒气杯”有多满?

1. 一点“小事”也会伤害到你,激怒你或令你感到沮丧吗?

2. 几乎不会被激怒，从来没有过沮丧的感觉；只是有些候会被激怒和感到沮丧；几乎每天都会——你是哪种情况?

3. 最近有没有熟人让你产生了怨恨和憎恶的情绪？你是否十分冷淡地对待某个你认识的人?

4. 最近一次你对别人大发雷霆，或者因为生气故意冷淡别人是什么时候?

A. 事件因何而起?

B. 看过本书后，再次出现类似情况你应该如何处理?

5. 你想与哪些人修复关系？你对哪些人怒气难消？还有哪些人对你怒气难消？将名单一一列出。

在回答上面5个问题的时候，为了获得真实的结果，你应当询问家人、朋友和同事的意见。

第11章

The Richest Man Who Ever Lived

拆除幼稚这颗“诡雷”

两个毋庸置疑的天才，为何没能从自己的发明中获得经济利益，却让他人赚得盆满钵满？

幼稚的源头是年龄和智商不够吗？

愚蒙人凡话都信，精明人却步步谨慎。

——箴言 14:15

11

The naive believes everything,
but a wise man looks well to a matter.

——PROVERBS 14:15

我的两个表兄弟曾经作为英勇的海军陆战队队员，参加了越南战争。据他们说，在所有可能遇到的危险中，最令人恐惧的就是一种叫做“诡雷”的武器。它的隐蔽性和杀伤性都很强，用树叶掩藏起来的地雷就是一个诡雷。不要小看这片看似平常的叶子，一瞬间就可以将毫无防备的士兵炸上天，不死也残废。

所罗门指出，在你的生活和事业中也埋藏着一种相似的诡雷，也能造成毁灭性的后果。它还有一个名字叫幼稚。不管拥有怎样的智力、教育背景、经济状况或个人成就，任何人都无法躲开它的伏击。

菲洛·法恩斯沃思(Philo T.Farnsworth)是个天才。中学时候，他就在物理、数学和当时正处于发展阶段的电子学上表现出超常的理解能力，甚至远远超出他的老师。14岁时，他脑中已经形成了电子逐行扫描和传输系统的雏形。19岁时，他就将全副精力投入到世界上首台电视机的发明上了。许多世界上最具权威的科学家和工程师，还有一流的制造商都认为，由于捕获电子和传输图像的规模过于巨大，电视机这样的设备即便发明出来也会非常昂贵，因此在经济上也无利可图。然而，法恩斯沃思却做到了，年仅24岁的他就已经获得了电视摄像机和接收器两项电视机主要部件的发明专利。

爱德华·阿姆斯特朗 (Edward H. Armstrong) 在科技发明领域同样成就斐然。他发明了一种放大声音的方法，就是我们通常所说的调频（FM），它构成了高质量声音传输的核心，我们今天所用的收音机、电视机、手机电话等都是以它作为基础。可以这样说，没有阿姆斯特朗的调频，就没有现代社会的声音传输设备。

然而，尽管这两个人都是毋庸置疑的天才，他们都为大众传媒作出了无法估量的贡献，但他们却没能从自己的发明中获得任何经济利益。阿姆斯特朗最后自杀的时候已经濒临破产。法恩斯沃思将自己发明的专利权转让给一家电信公司，却没能获得一分钱的报偿，尽管那家公司向法恩斯沃思允诺了几百万美元的特许专利使用费，尽管他们自己从他的发明中赚得盆满钵满。

事情为什么会发展成这样？所罗门给出了他的答案：“愚蒙人凡话都信；精明人却步步谨慎。”你看，这两个人虽然在科学领域是天才，但在商业领域他们却表现得非常幼稚和愚蠢。美国无线电公司的首席执行官派了一名公司雇佣的科学家去参观法恩斯沃思的发明，单纯的法恩斯沃思毫无防备，他不但热情接待了那名科学家，还给他演示了制造一个关键零件的过程。其实法恩斯沃思也知道，那名科学家曾经是他的竞争对手，也争夺过这项发明的专利，只不过最后败给了自己。然而，根据作家哈罗德·埃文斯（Harold Evans）的记载，法恩斯沃思始终抱着纯洁的信仰，他相信“科学家的尊严”。可现实却是残酷的，那个所谓的科学家斯福罗金（Vladimir Zworykin）窃取了他的技术，反而在几年后成为公认的电视机发明人，被载入史册。阿姆斯特朗同样遭到了 RCA 和大卫·萨尔诺夫（David Sarnoff）的欺骗。他原来如此信任的公司和它的首席执行官，却把他逼得濒临破产。生活的窘境再加上成年累月的诉讼，终于使他彻底绝望，于是他从公寓的 13 层楼上跳了下去。

幼稚的代价

1993 年，通过朋友的介绍，我认识了一位亿万富翁，他号称拥有一项划时代的技术专利，正准备专门为其技术专利组建一家公司。我受到这项专利预期收益的吸引，向他的公司投入了 250 万美元。1998 年，我的一位新结交的朋友透露给我一个消息，他的公司很快就要上市了。于是，我向他的公司也投入了 300 万美元。2000 年，表兄介绍我结识了一个股市大腕，他曾在 4 年内，凭借区区 5 000 美元的本钱赚到 1 400 万美元。因此，我又投了 200 万美元到他身上。这些投资现在怎么样了呢？当初我总共投入了 750 万美元，而现在它们的市场价值只剩下 20 万美元，亏了 97%！

问题究竟出在哪里？我被它们表面的价值所迷惑，被直觉所误导，因此没有听从所罗门的教导。这 3 次投资，我没有重视他的强烈警告，结果撞得头破血流，损失惨重。假如我在其中任何一次稍加留意，我的资产可能都会多出几百万美元。假如我留心所罗门的警告，没有进行这 3 次失败的投资，那笔 750 万美元的本钱，通过其他合理的投资，现在可能已经升值到 2 000 万美元了！

幼稚的行为与智商无关

幼稚的行为与智商关系并不大，它主要指的是人们处理某种具体事务或者对待整个人生的方式。幼稚的人通常会把形势看得过于简单，这样他们就很难发现那些可能会对结果产生巨大影响的关键性因素。通过以上例子，我们可以知道，天才可以像一般人一样幼稚。所罗门认为幼稚的人不能在采取行动之前“步步谨慎”。大多数人做不到谨慎行事都是基于以下几种原因。你能从中找出自己的原因吗？

把事情看得过于简单　人的天性就倾向于把复杂的事情简单化。

因为我们喜欢简单的东西，我们喜欢遇到任何事情都可以立即得出结论，不需要费劲去看说明书或者下很多工夫去做准备。我们宁可相信所有人、所有事展现给我们的表面价值。可惜，这样做是很愚蠢的。所罗门斥责说："你们愚蒙人喜爱愚蒙，要到几时呢？"一切重大决定都是不简单的。通常情况下，我们必须找出隐藏在表面之下的重大问题加以考虑。

自以为是 所罗门警告我们："不要为明日自夸，因为今天要发生什么事，你尚且不知道。"在这里，所罗门针对的是那种自以为是的态度和行为。我们理所当然地认定今天的境遇和机会仍然适用于未来，明天、下个礼拜或者明年都不会改变。我们做事仅凭冲动，幼稚地认为，即便今天犯了错，我们也可以等到明天再来纠正。正是因为我们总是要等出了事之后再去解决，所以我们才会作出鲁莽的决定。然而，现实却没有想象的那么简单，我们并不是生活在一个静止的世界里。我们的世界每时每刻都在发生变化，因此，认为今天的机会和境遇同样会出现在明天，这样的想法既愚蠢又幼稚。

所信非人 知之甚少的人却经常能够取信于我们。通常情况下，他们并不像表面上看来那么有能力、有经验、有资格、有诚信。人们向外界展现出来的首先总是自己最好的一面，而我们评判一个人都太过于重视第一印象，通常会在刚开始的几分钟甚至几秒钟里就作出自己的判断。我的几次失败的投资都是因为受了表象的迷惑，轻信了那3个根本不值得我信任的人。当我认清了他们的本质之后才发现，其中一个人不诚实，另外两个不是乐观过头，就是根本不够资格进行这种规模的投资。然而，每一次投资，我都想当然地相信了他们的诚信和能力。如果我听从了所罗门的忠告，三思而后行，仔细调查他们以往的业绩和经历，我肯定不会作出错误的决定。

肤　浅 我们经常会以貌取人，或者以外在的条件判断形势的优劣。一个人看上去可能魅力无穷、风度翩翩，一个商机看上去可能极为难得。但是，我们不应该光看外表，甚至以外表为基础，作出一些重大决定，因为外表永远不可能代表事物的全部。有一次，我作出了失败的投资决定，就是因为我看到了他们公司宣传的那个获得了多项专利的新产品的样品。表面上看，这是一个具有划时代意义的技术突破。然而，我当时并没有看到，要想将这项实验室技术投入工业生产并获得经济效益，必须投入许多年的时间和上亿美元资金，比公司高层主管们预测的要多得多。1998 年刚上市时，那家公司的股票每股价值 21 美元，然而现在它的市值只剩下 17 美分。这就是只重外表的肤浅判断带来的后果！

懒　惰　我们天生喜欢花最小的力气得到最多的收获。决策过程也不例外。比起别人说什么我们信什么、事情表面上怎样我们就认为是怎样，“步步谨慎”需要太高的自主性，也要耗费太多精力。在所有需要作出重大决定的场合，这种天性的唯一克星只能是真正的勤奋。

急　躁　如果我们仓促间作出某种决定，通常不会有足够的时间将事情考虑周全。每次愚蠢的投资决定都是我在仓促间作出的，因为他们告诉我，如果不立即动手，千载难逢的机会就会从我的手中溜走。所罗门警告说：“行事急躁的必致贫穷。”急躁是幼稚最常见的表现形式。有多少人并非完全出于本意，只是迫于另一方的压力而仓促结婚？其他情况也是如此，当别人催促你作决定时，你就应该有所警惕。这时要立刻喊停，绝对不可以受人迫使，在仓促间作出重要决定。一定要从容不迫，不辞辛劳，坚持挖掘事实真相，并且广泛征求意见，只有这样，你最终才能作出明智的决定。

目光短浅　通常情况下，仅凭我们有限的知识和经验，我们没有足够开阔的思路来作出最佳的选择。所罗门劝告我们：“不经商议，计划必定失败；谋士众多，计划就可成功。”不听他人良言而一意孤行，不但幼稚，还很愚蠢。而专家的意见和别人的建议可以使我们极大地增长见识、开阔思路，更有利于我们作出明智的决定。

过于诚实 残酷的事实让我不得不相信，越诚实的人，越有可能行事幼稚。为什么？因为诚实的人从来没有想过要去欺骗别人，窃取或者欺诈别人的终生积蓄。由于他们诚实的个性，欺骗别人的想法对他们来说太过陌生，他们也无法想象任何人会对自己做出那样的事。我和帕特·布恩是近30年的老朋友了。我们以前常常开玩笑，比较两个人谁更好骗。然而，我们两个都不是诈骗别人血汗钱的人，我们都没有想过有一天自己也会被别人骗得血本无归。因此我们不知吃了多少次亏。

我的岳父个性非常正直，我从来没见过比他更诚实的人。他曾经是IBM最出色的销售员之一，一家较小型的电脑公司想把他挖过去，他们许诺会给他比在IBM更高的报酬。他信以为真，因为他自己向来重诺守信。推己及人，况且那家公司的老板还经常与他一起参加当地教会活动。所以，他没有多想，离开服务了20年的IBM，去了那家公司，为他们拉来了为数众多的客户，但是他们却没有兑现承诺。这件事对他的打击很大。为什么那家公司的老板能这样明目张胆地欺骗别人呢？我的岳父自己也要承担一定的责任，他的诚实品质使他对知之甚少的人也抱有信任，因此在作出决定之前，没有仔细调查他们的背景。

贪　婪 有时候，当我们太想得到什么东西时，我们宁愿相信别人说的一切，将梦想都赌在这个机会上，就像疯狂的彩民坚信能中彩票一样。我之所以作出那些失败的投资决定，就是因为太想得到那些乐观的预期收益了，虽然局外人对此抱有怀疑态度，我也不加理会。我心里只剩下唯一的念头：一旦成功，我的财富将增长数倍。我的全副心思都被贪婪所蒙蔽，这就是我没有谨慎行事的另一个原因。

自　负 高傲自负也是导致幼稚最重要的原因之一。自负的人常常觉得别人都不如自己精明。他们自我感觉良好，认为没有必要寻求别人的建议，或者在作出决定之前付出真正的辛劳，他们早就知道了所有的一切。所罗门说：“在灭亡以前，必有骄傲；在跌倒以前，心中高傲。”自负的人迟早会自食其果的。

舍重就轻 有时候，人们之所以不愿意在作出重大决定之前考虑周全，是因为他们没有真正重视谨慎行事的重要性。他们不愿意花费精力去调查别人和分析形势，更愿意用这些时间来看看电视、上上网、打打高尔夫，或者做其他不怎么重要的事。正是因为他们没有意识到自己的幼稚会带来什么样的后果，所以并没有把克服它当作头等重要的事情来看待。

如何才能步步谨慎

如何消除幼稚？所罗门给这个问题开出的药方是整个《箴言集》中最简单的。他要我们在作出任何重大决定之前都要“步步谨慎”。在第1章里，我们讨论了勤奋的品质，“步步谨慎”就是将勤奋的所有要素应用到决策过程中。勤奋就像一个巨大的探照灯，只要打开它，就能驱散代表着幼稚的黑暗。

有些人担心，作出决定之前调查别人就是对别人诚信的侮辱。他们害怕受到这样的质问：“难道你不相信我吗？”如果发生这种情况，你应该这样回答：“迄今为止，我没有发现任何使我不信任你的理由，所以，就我所知的范围，我完全信任你。尽管如此，我也不想犯愚蠢的错误。为了防止犯错，我通常都遵循一个简单的规则，那就是，在作出任何重大决定之前都要步步谨慎。所以我现在只是就事论事，并不是针对你才这样的。”如果那人是一个真正诚信可靠的人，他就会尊重你的谨慎态度，并且乐意接受你所采取的任何调查行动。

安全走出雷区

所罗门警告我们："精明人看见灾祸，就躲藏起来；愚蒙人却往前走，自取祸害。"大多数人都不会无缘无故地做出不道德或者违法的事情来。通常情况下，在事情发展到无可挽回的地步之前，他们都会受到黄牌提醒或者红牌警告，甚至两者都有。在那些时候，他们都面临着一个选择。所罗门告诉我们，明智的人会转身躲过灾祸，不再继续下去。幼稚的人，虽然被出示了红牌，虽然良心上受到谴责，还是一错再错，朝着同一个方向继续走下去。安然、泰科、世通和南方保健公司 (Health South)（美国最大的医疗保健公司，因为做假账而遭到联邦政府高达27亿美元的起诉。——译者注）的执行官们很有可能就是这种情况。他们看到了红牌警告，还是作出了错误的选择。假如他们之中有一个明智的人，在受到警告之后，转身去寻找其他的机会，事情也不至于发展到不可收拾的地步。可惜，他们却选择了另一条道路。结果，他们不但丢掉了工作和名誉，其中几个人还因此失去了自由。这些人曾经都是商界公认最聪明最成功的人。

他们并不是特例 当受刚刚结识的人的诱惑，去做一些违反道德良心的事情（例如毒品、酒精、私通）时，有多少男人和女人看见了即将到来的灾祸？当他们看到红牌，感到良心上的剧痛时，在他们面前也摆着一个选择："转身躲开，还是继续走下去？"婚姻问题专家告诉我，大多数家庭暴力的受害者，在婚前就曾遭到对方一次以上的身体虐待。那时候他们已经受到了红牌警告，但是他们却幼稚地继续保持那段关系，直到走进结婚礼堂。每年至少有两万人死于醉酒驾车导致的事故，在明知不对的情况下，很多喝醉了的司机还是选择继续驾车。他们打开车门的时候很清楚自己正在做一件错误的事情，然而，他们最终还是作出了错误的选择，发动了车子。

貌似正确的道路其实……

所罗门警告说，貌似正确的道路可能会把你引向歧途。是什么造成了这种状况？因为我们在决策过程中没有用上真正的勤奋精神。他说：“有一条路，有人以为是正路，走到尽头却是死亡之路。”步步谨慎，处处留心肯定不会导致这样的后果。

明智的人在作出重大选择之前都会深思熟虑、谨慎而行，只有这样的人才会获得回报。这些回报正是让他们引以为傲的知识。

怎样作出明智选择

1. **不要否认自己的幼稚，做到步步谨慎，处处留心**　人类天性中的懒惰和幼稚在决策过程中总会影响我们的判断，首先我们要接受这个现实，然后才能先发制人，利用实际行动，在作出重大决定之前用谨慎弥补天性中的缺陷。

2. **向别人寻求建议**　在《箴言集》里，所罗门一再劝告我们要寻求他人的建议。他说：“没有智谋，国家败落；谋士众多，就能得胜。”他还说：“不经商议，计划必定失败；谋士众多，计划就可成功。”之后他还写道：“计划要有筹算才能确立；作战也要依靠智谋。”他的建议十分清晰明确，他的智慧有目共睹。所以，照他说的做吧。

没有合伙人的出谋划策，我的事业决不可能成功。没有加里·斯莫利博士的睿智建议，我的婚姻也不会像现在这样幸福。而没有所罗门的箴言，我就失去了长远的胜利和幸福的希望。

3. **谨慎选择朋友和伙伴**　所罗门写道：“与智慧人同行的，必得智慧；与愚昧人为友的，必受亏损。”选择什么样的人做你的朋友，可以造就你，也可以毁灭你。你可以对所有的人友善，但你必须谨慎地对待那些与你有重要合作关系的人，和让你在情感上十分在意的人。你要留意他们的智慧和道德品质。无论何时，当你们的关系亮出红牌，你都要有所警觉。留心观察他们如何按照优先顺序安排自己的生活，他们如何对待父母、伴侣、兄弟姐妹或者子女，以及他们最看重什么。切记不可与蠢人为伍。

步步谨慎，需要时刻谨记在心

在生活的任何领域，当你面临一项重大决定的时候，无论这个决定关系到事业、钱财还是个人生活，你需要作的第一个选择就是谨慎行事。如果你作出了这样的选择，并且遵循我们刚刚讨论过的步骤进行决策，那你的最终决定一定是明智的，会给你带来巨大的回报。如果你没有作出这样的选择，你天性中幼稚的一面就会发生作用，最后只能给你带来失望和失败。

智慧知识

1. 列出两个以上你所作过的错误决定（有关个人生活、事业或者钱财方面的）。例如大宗采购、失败的投资、选择了不合适的工作或者辞掉了合适的工作、失败的婚姻或者对子女的教育等。

2. 从下面选出哪些因素影响了你而作出了错误的决定。

★ 把事情看得太简单
★ 自以为是
★ 所信非人
★ 肤浅
★ 懒惰
★ 急躁
★ 目光短浅
★ 过于诚实
★ 贪婪
★ 自负
★ 舍重就轻

3. 回想过去，如果你在决策过程中采取了不一样的措施，有没有可能使你做到“步步谨慎”，使你作出更好的选择？

4. 爱因斯坦将精神错乱定义为：重复做同样的事，却妄想得到不同的结果。在以后的决策过程中采取什么样的措施才能使你作出明智的选择，而不是幼稚的选择？

5. 列出你正面临或者即将面临的重大选择。

6. 针对第 5 条中列出的每个问题，写下你在决策过程中可能采取的措施，确保你能作出最明智的决定。

第 12 章

远离得不偿失的贪婪

你是不是认为与穷人和中产阶级相比，富人更贪婪？挣的钱越多，就越想挣更多的钱？你与贪婪没有任何关系？没有贪欲还能获得非凡成就吗？

凡是贪爱不义之财的，所走的路都是这样，

那不义之财夺去了贪财者的性命。

——箴言 1:19

So are the ways of every one that is greedy of gain;

which takes away the life of the owners thereof.

——PROVERBS 1:19

突击测试

判断正误：

A. 与穷人和中产阶级相比，富人更贪婪。

B. 挣的钱越多，就越想挣更多的钱。

C. 我与贪婪没有任何关系。

说起贪婪，我们往往觉得是别人的事，与自己没有多大关系。我们用这个词来形容狄更斯《圣诞颂歌》(*Dickens's A Christmas Carol*)中的斯克鲁奇（Scrooge）这个人物的性格。事实上，每个人心中都有贪婪的种子。有些人心底隐藏的贪婪种子会在不知不觉间扎根发芽，逐渐蔓延开去，最终破坏他们最看重的梦想。对另一些人来说，贪婪的种子会在短时间内像野草一样疯长，一下子夺走他们生活中所有的快乐。不过我们也不需要悲观，所罗门已经给我们指明了解决这个问题的方法，只要听从他的教导，就能阻止我们心底贪婪的种子生根发芽，不让它们影响或控制我们的生活。

针对上面测试里提出的三个问题，你是否都回答了“是”？根据所罗门的定义，这三个问题的正确答案应该都是“否”。

欲望与贪婪

说起贪婪的对象，指的并不仅仅是金钱。尽管贪婪肯定会驱使人们追求财富和物质上的占有，但贪婪本身却是一种可能引发多种行为方式的心理状态。所罗门用了两个希伯来词来描述贪婪。其中一个的意思是“深切的渴望和向往某物”；另一个词则含有“为了获得渴望的东西不惜侵犯他人的权利”的意思。将这两个意思结合起来，就是所罗门所说的贪婪的含义。贪婪是人们对某物的极度渴望，为了得到它，人们愿意采取任何手段。换句话说，贪婪与想要得到什么东西没有关系，它更侧重于有多么想要得到这样东西。

所有你可以想象到的东西，都有可能成为贪婪的对象。有人追求权力或者别人的赏识，有人追求爱，有人追求性欲的满足，也有人追求闲暇时光或者爱好。不过，在我们这个社会，最显而易见的贪婪就是对金钱的追求。

贪婪会在你毫无察觉的时候缓慢生长

迈克尔·兰登是我在好莱坞的一位好朋友。他待我非常和蔼慷慨，这在娱乐圈是非常罕见的。我很荣幸地承接了他最后一部影片的拍摄。在我们拍摄的前一个星期，他邀请我去他家新建的健身房玩。我问他感觉如何，他回答说：“史蒂文，我从没感觉像现在这样好，我正处在人生的黄金时代。”然而，4个星期后，他因为腹部剧痛被送入急诊室。没过几天，他被诊断出患了晚期胰腺癌和肝癌。胰腺癌并不像别的急性癌症，它必须经过长年累月的发展才会出现明显症状。事实上，很多胰腺癌患者一旦发现症状，就已经到了晚期。确诊后不到3个月，迈克尔就去世了。我父亲的情况与迈克尔不太一样，他得的是一种蔓延迅速的肺癌。在癌细胞出现的几个月内，他就感觉到明显的症状。他是在确诊7个月后去世的。

> 贪婪是人们极度想要得到某种东西的渴望，其渴望程度越深，越会驱使人们不择手段也要得到它。贪婪可以像毒瘤一样长大。

贪婪就像这两种癌瘤，它可以迅速蔓延，很快表现出来；也可以在毫无察觉的状态下缓慢生长，直至造成巨大损失才会使人有所察觉。在我的例子里，贪婪就像第二种隐蔽性较强的癌症一样渗入了我的生活。我的幼稚使我作出了三次失败的投资决定。然而，正是我的贪婪让我轻易相信了别人的花言巧语，将巨款托付给他们，因为我心底怀有对迅速赚大钱的极度渴望。当我意识到我的贪婪的时候，一切已经太晚了，我一生的积蓄都化为了泡影。

如果我问你是否贪婪，你大概会理直气壮地给我否定的答案，甚至用测谎仪都不怕。然而，贪婪可能会悄无声息地在你心底生根。事实上，尚未出现警示的症状或者毁灭性的后果并不代表它不存在或者是无害的。如果你不及时采取措施阻止或纠正，它迟早会毁掉你最珍视的一切。

贪婪者必失

它能夺取你的性命　当我第一次看到所罗门警告众人，贪婪会夺去贪财者的性命的时候，我以为这只是一种比喻。然而，现实终于使我认识到，贪婪确实可以从实际意义上夺取人的性命。我以前的一个合伙人离开我们公司之后，在一系列商业投资活动中赚了几百万美元。他的家庭很幸福，有一个漂亮的妻子和可爱的孩子，然而，正是贪婪将这一切幸福快乐从他身边夺走。当他经营失败、濒临破产的时候，他躲进车库，结束了自己的生命。

它能破坏你的财产安全　所罗门告诉我们，急切盼望致富的人最终却会落得贫穷的下场。“吝啬的人急切求财，却不知穷乏快要降临。”对那些一门心思只想发财的人，所罗门说：“你的眼睛注视在钱财上，钱财却不见了，因为钱财必长起翅膀，如鹰飞往天上。”

它会给你爱的人带去不幸　可能你常常像我一样这么想：“我做的

任何事都由我自己负责，与我的父母、妻子和孩子有什么关系呢？”不过，所罗门警告说：“贪爱不义之财祸害自己的家。”你所做的每件事，都不可能只关系到你自己而不牵涉其他人，你的所作所为会影响所有你关心的人。无论你贪的是钱财、物质上的占有，还是一种嗜好或者迷恋，结果都一样。在商业领域，我们可能本着一个很好的出发点，只是想挣更多的钱为家人提供更舒适的生活。但是，随着心底贪婪的种子生根发芽，我们开始将过分的关注放在赚钱这种手段上，反而忽视了家人的感受，忘记了给家人提供更好的生活才是我们赚钱所要达到的最终目的。

它能使你从精神上破产 所罗门说：“有人自充富足，却一无所有。”任何人只要读过霍华德·休斯的传记就能很清楚地明白这个道理。他受贪婪的驱使，无止境地追逐财富、权力、名声和感情。他号称是世界上最有钱的人，然而，他却穷得只剩下钱。他没有持久的快乐和满足，甚至没有安全感。你也可能获得你所渴望的东西，但是，所罗门却说，即便在得到它的那一刻，你也一无所有。

它能窃取你幸福和生存的意义 刚开始，你会想：只要比现在多一点就好。然而，在你得到后，你还会想要更多。开始时欲念只是偶尔出现在你的脑海里，不过，很快它就会全面占据你的思想。你的全副心思都放在不曾拥有的东西上，所以你不可能感到快乐和满足。你曾经的生存目标早已荡然无存，因为现在你生命的重心都放在追求你所缺少的东西上，这就是贪婪的本质。

它能败坏你的道德 所罗门说：“急于发财的，不免受罚。”耐心从来不属于贪婪之人，贪婪的人总是急于得到他们所渴望的东西。贪婪使他们抱有这样的观点：“我想要的东西越多越好，而且立刻就要得到！”它驱使你本性中追求即刻满足的欲望变本加厉。人们在贪求财富的过程中，会心甘情愿地做出违背道德伦理，甚至违法的事情。渴求更多的利益本来无可厚非，但是一旦那种渴求占据了我们的全副心思，或者诱使我们颠倒黑白，不分主次，抛弃道德伦理，它就已经变成了贪婪。

它制造出的安全感必是虚幻 所罗门说："倚赖自己财富的，必然衰落。"不幸的是，一个人挣钱越多，越有可能变得高傲自负。他开始侥幸地认为自己能够一次又一次地成功，于是他一次又一次冒更大的风险。他爬得越高，可是摔得也会更惨。

排查贪婪

记住，贪婪的侧重点并不在于你想要什么，而在于你渴望的程度。贪婪也不仅仅是对金钱和物质的欲望，它甚至可以掌控我们生活中存在的所有欲望，包括成就、爱情、性、酒精、金钱或者其他物质享受。它放大了我们天性中的这些欲望，使它们变得更加强烈，以至于我们彻底忽视了自己和他人的最终利益。为了防止贪婪在我们生活中立足，我们必须提高警惕，认真筛查贪婪的早期症状。

贪婪的早期症状

1. **贪得无厌** 看到别人拥有我们没有的东西，所有人心里都会浮现"要是我也有这么一个东西……"的想法，这是很正常的。然而，贪得无厌却不一样。这种贪欲非常强烈，而且长时间内无法消除，针对的都是自己不曾拥有的东西。它占据了你的整个思想，成了你唯一的愿望。最终，得到这样东西就成了人生的首要目标，其他一切都必须为这个目标让路。

2. **更多，更多，更多** 一旦完成目标，获得了你想要的东西，你不但不会因此而感到满足，反而会将注意力转移到你仍然没有得到的东西上。你会发现，自己拥有数不清的欲望，不会有任何满足和快乐的时候。

3. **急于求成** 无论你追求的是什么，实现这个目标所需要的时间都显得很漫长。你发现自己没有耐心通过劳作取得自己想要的东西，于是你便总想找到一条捷径，以期更快达到目的。现在许多人背负着巨额的信用卡债务，就是因为这些人想得到的东西太多了，而且迫不及待地想要提前拥有它们。

4. **一小步妥协最终导致道德的沦丧** 为了更快地得到你想要的东西,你甚至开始考虑牺牲你的价值观或道德观。一旦你有了这样的想法，就说明你正在被贪婪所侵蚀。这时候你面临两种选择，如果你真正将这种想法付诸实践，作出了妥协，牺牲了你的价值观，一切都已经晚了；当然，如果你及时意识到这个危险的信号，悬崖勒马，调转方向，就不会酿成大错。

5. **骚动不安** 如果在你的生活中冲突不断、举步维艰，你就需要检查一下是不是自己的问题。你是否始终将注意力放在自己所得不到的东西上？你是否始终将注意力放在自己所失去的东西上？如果是这样，那么正是你自己造成了骚动不安的局面，同时还扰乱了周围人的生活。这些骚乱预示着贪婪正侵蚀着你的身心。

人心中的贪婪如何蔓延增长

我刚毕业的时候，根本没有什么赚大钱的目标，对物质上的享受也没有太高的要求。我唯一想的就是做出一番事业，使自己有能力满足一家人的生活需要。我的第三个孩子出生以后，我欠了不少债务，家里的生活几乎捉襟见肘。经历过许多次失败后，我与人合伙开了一家公司，那段时间真令人兴奋。就在不经意间，我注意力的重心就从如何赚钱养家糊口，转移到如何使我们的生意成功上了。公司刚起步的时候，我接手了一个又一个项目，一年之中，至少有 160 天在出差途中。然后，160 天逐渐变成了 230 天。这样一直发展下去，到公司成立 10 年的时候，我一年出差的天数加起来差不多就有 300 天。不过我这么辛苦工作，并不是为了钱或者物质上的东西。我的贪婪在于做出一个又一个成功的项目。虽然这源于我对工作的热爱，但是在此过程中，我牺牲了我的家庭。我敢发誓，我并不贪钱，因为金钱的确不是我最想要的东西。然而事实却是我的确贪婪，它表现为我极度渴望获得成就感，从而得到合伙人的称赞与认可。

贪婪可以侵蚀任何目标。它甚至可以扭曲你与爱人或者子女之间的关系。过强的控制欲（在对方的现实情况不允许的情况下，渴望对方能给予自己更多时间和注意力）会导致这样的后果。

没有贪欲还能获得非凡成就吗

这时你可能会想："嘿，先别说这些了。我买这本书，就是想从所罗门那里学到取得巨大成功和财富的秘诀。"的确，所罗门的真知灼见可以帮助你获得非凡的成功，帮你赚得可观的财富。想要获得成功并不是什么见不得人的事，只有被贪婪污染了的欲望，才会变得邪恶。真正的成功靠的是勤奋、沟通、协作以及其他在本书中提到过的被所罗门推崇的优秀品质。想要区分正当的追求和贪婪之间的区别，关键在于，在追求成功的过程中你是否坚持正道。你要时刻留意贪婪的预警信号，向关心你和你家人的朋友寻求建议。这样做可以使你及时阻止贪婪在你的身心蔓延。

远离贪婪之道

所罗门给出了几条获得成功和财富的指导方针。

把注意力放在成就上，不要过分关注金钱　对于你的生活、你的家庭、你的事业或者某项具体的工作和计划，你真正想要取得什么样的目标？一旦你知道了自己真正的目标，你需要做的就是利用勤奋，以及我们已经讨论过的其他方法去实现它们。所罗门说："一切劳苦都有益处，嘴上空谈引致贫穷。”只要你能将真正的勤奋应用到实际中去，追求这些目标的实现，你通常就能取得意义重大的成功。当然还有一个前提，你不能任由欲念驱使，以牺牲你的价值观和更重要的东西为代价来获得成功。

通过自身劳作取得钱财，不要妄想以歪门邪道发财 所罗门说，一切劳苦都是值得的。他告诉我们，工作要勤奋，还要精益求精。我是搞市场营销的，就像沃伦·巴菲特的专长在投资领域一样。我在自己擅长的领域里赚了很多钱，而在专长之外的领域里也赔了不少钱。如果你能找准方向，并且付出辛勤努力，你就能赚到钱。如果你采用了所罗门关于消费的建议，将外债限制在资产增值的范围内，那么你的积蓄就会增长。如果你采用了他关于投资的建议，广求建议，脚踏实地，不要妄图一夜暴富，那么你的投资就会以惊人的速度增长。

不可求富 所罗门明确地教导我们，不要把全副精力都放在追求财富上，因为这是通往毁灭的途径。他写道：“不要劳碌求富，你要明智地放下这企图。你的眼睛注视在钱财上，钱财却不见了，因为钱财必长起翅膀，如鹰飞往天上。”那些单纯追求钱财的投资，最后都令我血本无归。然而，当我将注意力放在某个目标上，并为之付出辛勤努力时，往往就能够获得意想不到的成功。每个人都想抽中彩票，每个人都想不劳而获。但是，当五千万分之一的中奖机会落到某个人身上时，就意味着其他人将他们的彩票（钱）扔进了垃圾堆。那些所谓的迅速致富计划也是如此，只要出现一个赢家，就有上百万人输光了家产。然而，在专业领域付出辛勤劳动的人百分之百都会取得最终的成功。

一旦受到贪欲的侵蚀，怎样才能将它清除

慷慨解囊，帮助陷入困境的人 所罗门说：“义人施予毫不吝啬。”如果把贪婪比作疾病，慷慨就是治疗它的维生素和特效药。消除贪欲最有效的途径就是转移注意力，时刻想着为他人付出。不需要等到有

钱了才能做到慷慨。你可以付出你的时间、你的善良、你的激励、你的劳动还有或多或少数目的钱财和物品。当里克,《标杆人生》的作者,在接受采访时被问到打算如何使用数百万美元的版权费时,他回答说,首先,他会把 20 年来教堂付给他的酬金都还回去。他与妻子都是"十一返还率"的信奉者,所以这笔钱,他们打算只为自己留下 10%,剩下 90%都会捐给由他们创建的慈善基金会,旨在为全世界范围内有困难的人提供帮助。然而,在很久之前,那时他还没有出版这本获得了巨大成功的书,他就开始捐助别人了。接下来他说的话给我留下了极深刻的印象。他说,当他刚刚成为教堂牧师的时候,他就和妻子达成一致,他们每年拿出收入的 10%用于帮助别人,而且之后每年都要逐渐增加捐助的比例。10 年之后,他们每年捐给慈善事业的钱已经占了他们收入的 20%,20 年之后则占 30%。最令人感叹的是,那个时候他还没有出版这本书,这些捐助的基础只是一个教堂牧师那微薄的工资。

停止追逐财富 所罗门告诉我们:"他心里怎样计算,他的为人就是怎样。"如果你的思想和感情全部倾注在如何致富上,那你就会受到贪婪的侵蚀。所以,你要把注意力放在取得成就和慷慨地帮助有需要的人上。

认清贪婪的本质,不要受其愚弄 一个朋友曾经向我讲述过一段可怕的童年经历。有一次,一个巡游马戏团来城里演出,他的母亲带他去看。他看到一个耍蛇的人钻进关着一条巨蟒的笼子里,他站在笼子里一动不动,任由巨蟒缠住他的身体。这样的表演,然后之前已经做过很多次了,应该没有危险。然而紧接着,巨蟒却开始收缩身体,这个意外让现场所有人都惊恐万分。耍蛇人脸上的表情告诉观众,事情肯定出了岔子。因为肺里的空气都被挤了出来,所以他根本无法出声。接着大家就听见骨头断裂的声音。等到别的耍蛇人赶去营救的时候,他已经死了。我的朋友问我:"你知道他犯了什么错误吗?"我摇头表示不知道。他说:"他以为他已经驯服了那条蛇,但是人们永远不可能改变蛇的本性。”

贪婪就像一条蛇。我们以为自己可以控制住内心的贪欲，然而事实却不然。贪婪像难以驯服的野兽，只要你稍有让步，让它站稳了脚跟，它最终就会窃取你的生命，无论是从字面上理解的生命还是比喻意义的生命。

智慧知识

检测你生活中贪婪的种子

1. 你生活中是否存在贪婪？你是否遇见过以下这些警告？

你有没有觊觎过别人拥有的东西？

无论得到了什么，你是否很快就想得到更多？

你会急不可耐地想要得到某种东西吗？

你会为了得到某种东西而不分轻重、不顾价值观和道德观吗？

你缺乏满足感和成就感吗？

在你追求目标的过程中或在平时生活中总感到骚动不安吗？

2. 你在以下哪些方面存在贪欲？

你的工作或者事业

你的投资或者储蓄计划

对物质的欲望

你与别人的关系

休闲活动和爱好

3. 说一说采取哪些措施能够让你远离贪婪。

4. 你是否使用信用卡购买了一些并不十分需要而且当前也支付不起的东西？都是些什么东西？

5. 你能采取什么样的措施阻止自己在有购买力之前购买那些并不需要的东西？

第13章

The Richest Man Who Ever Lived

让傲慢远离你的生活

哪种态度会给你的个人生活和事业带来毁灭性的打击？

为什么有的人总是自认为高人一等？

在灭亡以前，必有骄傲；在跌倒以前，心中高傲。

——箴言 16:18

13

Pride goes before destruction,
and an arrogant spirit before a fall.

——PROVERBS 16:18

 “在灭亡以前，必有高傲”

有一种态度，能给你的个人生活和事业带来毁灭性的打击，它就是骄傲，也被称为傲慢和自负。它的种子根植在我们每个人心里，它曾经毁灭过人们的生活，拆散过别人的家庭，颠覆过大企业，甚至导致整个国家的覆灭。它可以无声无息地渗透进人的精神，它还可以突然降临到人身上，就像海啸扑向静谧的海边村庄一样。我们必须耗尽毕生精力来反抗这种态度。每天我们都会以这样或那样的形式与之遭遇。如果能够及时识别和处理，我们尚能对它有所约束，削弱它的破坏力量；而一味姑息或者不加理会，它就会像毒瘤一样生长，最终变得不可控制。

谦逊的奥运冠军

冬季奥运会里上座率最高、最受期待的项目要算女子花样滑冰了。2002年冬奥会上，作为独领风骚的世界冠军，米歇尔·克瓦恩（Michelle Kwan）成了夺冠大热门。在比赛的当天早上，她在“今日直播”（*The Today Show*）节目里接受了凯蒂·库里克（Katie Couric）的采访。当凯蒂问道，为什么她要在冬奥会开始之前与长期合作的教练分道扬镳时，米歇尔告诉凯蒂，她想让全世界知道，没有教练的帮助，她也能赢得比赛。凯蒂问米歇尔晚上是否会让她的父亲坐在教练席上时，米歇尔回答说：“是的，不过不是作为教练。他在那儿只是给我精神上的支持。”

看到这里，我转头对妻子说：“她肯定赢不了！”妻子问：“为什么？”我说：“因为她的骄傲让她作出了愚蠢的决定，她会摔倒的。”米歇尔想让全世界知道，她取得胜利只是她自己的功劳，与教练的比赛策略和指导技巧毫无关系。后来发生的事情却不幸被我言中了，就在那天晚上的比赛里，就在她一生最重要的场合中，米歇尔跌倒了，与王冠上的宝石——奥运会金牌失之交臂。

同一天晚上，一位在冰面上做准备活动的16岁美国选手萨拉·休斯（Sarah Hughes）也进入了我的视线，我注意到她上场前的最后一分钟还在与教练商谈着什么。我看到她非常专心地看着教练的眼睛，努力听着教练说的每一个字。最后她点点头，灿烂地笑着， 滑进了场地。我对妻子说：“快看这个选手，今天晚上肯定是她一生中最精彩的一次表现。”香农又问：“你怎么知道？”“你看她多么谦虚。她像海绵吸水一样把教练给的建议都记在脑子里。她自己可能知道没有太大的胜出希望，不过这样反而没有了负担。她今晚大概就想在她最热爱的冰场上，享受她最热爱的运动，完成自己最完美的一次演出。”事实正是如此，她超越了自我。不仅如此，她完成了一个史无前例的动作：转身四周跳。这个动作难度非常大，还从来没有人敢在比赛中尝试。她完美地完成了这个动作，而且不止一次。她凭着两次完美的高难度动作，理所当然地摘得桂冠。

我讲这个故事不是为了批评米歇尔·克瓦恩。她曾多次赢得世界冠军，也是破纪录的优秀花样滑冰选手。但在我看来，米歇尔的例子恰好能够说明傲慢所带来的后果，而萨拉的行为则表现出了谦逊的回报。我们都需要苦苦挣扎来对抗傲慢的袭击。我就是因为思想上受到傲慢的蒙蔽，才损失了几百万美元，尝到了个人生活和事业上失败的痛苦滋味。

傲慢通常是不容易被察觉到的，我们有时候根本感觉不到它的影响。正是傲慢导致了所罗门的堕落。尽管拥有无尽的权力、财富和智慧，却因为傲慢几乎失去了他所珍视的一切。所罗门自己也十分清楚，傲慢会毁掉他的一切。他写道："在灭亡以前，必有骄傲；在跌倒以前，心中高傲。"然而，傲慢是我们狡猾的宿敌，即使你非常清楚它的破坏性，在受到它的诱惑时，还是会无法克制地屈服于它。

时光如梭，2800年后，傲慢依旧横行于世。有知情人和采购商用"极端傲慢"来描述安然公司的高层执行官们。因为傲慢，他们中一人赔上了性命，其他人丧失了荣誉。他们还使成千上万的雇员丢掉了工作和毕生积蓄，使他们的投资者、债权人和供应商遭受了几百亿美元的损失。有人不把傲慢当回事，认为它只是社交场合一种平常的、无伤大雅的小毛病，这种想法是非常愚蠢的。它的危害不亚于把埃博拉病毒（Ebola Virus，又译作伊波拉病毒，是一种能引起人类和灵长类动物产生埃博拉出血热的烈性传染病毒，有很高的死亡率。埃博拉病毒的名称源于非洲扎伊尔的"埃博拉河"。——译者注）误认为普通感冒病毒。

别那么骄傲

所罗门想用"自负"和"骄傲"这两个词来表达什么含义呢？当你的儿子或女儿在足球比赛中打入致胜的一球时你会感到无比"骄傲"，然而，他所指的并不是这种含义。他所说的"骄傲"是我们心里经历的一场转变。希伯来语"傲慢"的词源是"膨胀"或"高昂"。一个骄傲或者自负的人拥有膨胀的自我意识，他们认为自己强于他人，理所当然应当获得比他人更多的回报。他们相信所取得的成就都是自己一个人的功劳。生活中凡是出现什么好事，受到表扬的都应该是他们；凡是出现什么坏事，遭到指责的永远是别人。

任何经济状况和社会地位的人都可能产生骄傲的心态，不管富人还是穷人，受过教育的人还是没受过教育的人。它产生的根源是自我中心主义。我们都想真正掌握自己的命运；在内心深处，我们希望所有人都能满足我们的需求、欲望和期盼。我们将自己的需求、欲望和期盼凌驾于别人之上。随便问一个人："你一生中是否曾经向骄傲和自负屈服过？"100 个人里至少会有 99 个人回答："不曾。"可惜，如果你还没有意识到骄傲给你带来的问题，你就没有办法采取措施抵制它对你的生活的影响。

骨子里的谦逊

持久幸福无望 所罗门说："你见过自以为有智慧的人吗？愚昧人比他更有指望。"自负的人自诩聪明，资质优秀，实际情况并非如此，因为他的自负，他获得真知的希望比一个傻瓜还渺茫。

我在贪婪的驱使下，听不进顾问和真正关心我的人的忠言，作出了那几个失败的投资决策。追究其本质原因，还是由于我的傲慢自负。我不听他们的劝告，正是因为我自认为比他们懂得多，这种心态就是骄傲。

冲　突 如果你在人际交往中总是无缘无故冲突不断，就应该引起你的警觉，交往双方中肯定有一方犯了行事傲慢的错误。根据所罗门的观点，骄傲的人不仅容易卷入冲突，他们还会有意识地引发冲突。"心中骄傲，必引起纷争。"所罗门这样说就是为了表明骄傲是引发争端的首要原因。被骄傲控制的人想要他人赞同自己的观点，一旦受到拒绝便会不依不饶。他把别人的不同意见看成对自己尊严的有意冒犯。因此，任何不同意见都会遭到他的攻击。如果你发现自己爱辩好斗，那你的确应当留意，自己的行事作风是否傲慢。

毁 灭 所罗门警告说："灭亡以前，人心高傲。"

全胜之后的惨败

在我17岁的时候，我同其他11名学生一起接受航空巡逻队的训练，我们被空军送去学习驾驶滑翔机。在训练刚开始的几天里，我们的4名教练互相打赌，看谁教出来的学生能第一个单独飞行。由于赢得赌约的心情太过急切，还没有训练多久，我的教练就跳下我的滑翔机，砰地关上舱盖，示意牵引飞机把只载着我一个人的滑翔机拉上天。就这样，我开始了第一次单飞。我很清楚自己并没有完全做好准备，因此我抱着极为谦逊的态度对待那次飞行，小心谨慎地完成每一个操作步骤。结果我的第一次单飞非常成功，我的教练也因此赢得了赌注。当天晚些时候，大部分学员都能够单独飞行了，这时离训练结束还有一点时间，我急忙跳进了驾驶舱，准备再试一次。这一次我心里充满了自信，前一次的成功让我有点得意忘形。刚开始飞行很正常，我持续利用热气流（上升的空气）控制飞机长达45分钟之久，要知道，我们一般也就飞行15分钟左右。然而不幸的是，由于我的自负，这次我飞得离机场太远了，而且迷失了方向。因为滑翔机没有发动机，一旦热气流消失，你就毫无办法，只能降落下去。最后，我降落在距离机场1英里的地方，气急败坏的教练当着所有学员的面狠狠数落了我一通。

我一生中受骄傲的驱使做过不少蠢事，这只是其中一个例子。在事业上，我发起过许多被业内称为"满垒全垒打"的营销战略，赚得盆满钵满。然而有时候，紧接着这些成功之后的营销计划却往往以失败而告终。为什么？因为我的全胜往往会使我骄傲自满，正是这样，导致了下一个项目的失败。

蒙羞受辱 所罗门写道："傲慢来，羞辱也来。"他宣称："人的骄傲必使他卑微。"你能想象，由于不顾所有你爱和你尊敬的人的劝告，赔尽毕生积蓄的感受吗？你能想象，在你的鼓动下，你的伙伴为某个项目投入了几千小时的劳作和几百万美元的资金，到头来却只能眼睁睁看着计划以失败告终，这时候你会是什么样的心情？我的自负给我带来的灾难远远不止这些，我还可以举出好多其他例子。谦逊或者羞辱，所罗门给我们出了一道简单的选择题。在任何情况下，我们都可以选择究竟是让谦逊还是让骄傲指导我们的决策和行动。一旦我们把决定权给了骄傲，往往就免不了难堪和痛苦的结局。

人生大病，只一"傲"字

学会及时察觉骄傲的存在和有效对抗它都是十分重要的。20 世纪 70 年代早期，我在一家大银行工作。有一次，一位美国财政部的假币识别专家到我们那里访问。当别人问他研究假币有多长时间时，他回答："我不研究假币，我只研究真钱。"他解释说，正是因为他对真的 20 美元、50 美元和 100 美元纸币上每平方厘米的特征都烂熟于心，才能一眼就把假币认出来。对付骄傲也得这样，识别骄傲的最好办法莫过于认清真正谦逊的样子。只有熟悉了谦逊的特征，当我们做不到谦逊的时候，才能立刻有所察觉。而通常情况下，正是由于谦逊的缺失，骄傲才容易钻空子。

什么才是真正的谦逊？穿着粗麻布，把自己弄得灰头土脸，嚷着"我真惨啊"，这不是真正的谦逊。真正谦逊的人首先必须真心相信，别人能够帮助他获得他所看重的一切。如果一个人能够做到真正信任别人，他就会本着学习者急切而感激的态度，积极欢迎别人给予的帮助和贡献，并且予以重视。学习者很容易尊重别人的观点、态度和迫切需求。事实上，真正谦逊的人，性格中都有一种灵活性，这是最让人羡慕的素质之一。必要的时候，他们甚至可以把满足他人的需求放在自己的利益之上。

吉姆·博罗博士曾经担任过我们教区教堂的牧师。有一次，他访问了位于西北的一家教堂。一位妇女请求他去看望一下她的丈夫。她的丈夫是一个拥有数千万资产、数千名员工的企业家。尽管他有很多钱，想买什么就买什么，但是他却一点都不快乐。他说话尖酸刻薄，脾气又坏，没有人喜欢跟他在一起，他的周围永远充斥着争吵和冲突。他的雇员甚至孩子都不喜欢他，他的妻子几乎也无法忍受下去了。

于是，吉姆·博罗博士去见了这个人，他滔滔不绝地向吉姆讲述自己的丰功伟绩，吉姆很快就意识到骄傲已经侵蚀了这个人的心灵，渗透进他的思想。他夸耀自己白手起家，凭借一己之力把公司建成如今的规模。在他眼里，就连上大学也是完全靠他自食其力，没有花过父母一分钱。

吉姆问他："那么，所有的事情都是你自己做的？"

他回答："是的。"

吉姆接着问："难道没有人给过你任何东西吗？"

"没有！"

于是吉姆又问他："你还是婴儿的时候，是谁给你换尿布？是谁喂你吃喝？又是谁教你读书写字？谁给你提供了勤工助学的机会，让你读完大学？谁在大学毕业后给了你第一份工作？谁在你的公司餐厅里为你们准备食物？谁为你的公司打扫卫生间？"听了这些质问，那人羞愧地垂下了头。过了一会，他含着泪说："我仔细想过了，单凭我自己的力量，我什么都做不成。

如果没有别人的善意和努力，我可能还是一事无成。”吉姆点点头，又问：“那你不觉得应该适当地感谢一下他们吗？”

与吉姆谈话后，那个企业家好像一夜之间换了一个人。在以后的几个月里，他向每一位他还记得的、曾经在生活中帮助过他的人写了一封感谢信。他还给自己的3 000名员工每人单独写了一封感谢信。除了表示对他人的谢意，他还开始给予周围的人尊重和赏识。当博罗博士一两年后再去拜访他的时候，几乎都认不出眼前这个人了。快乐和平静代替了以前的愤怒和紧张。他看上去似乎年轻了好几岁。现在，他对员工的尊重源于他内心真正的谦逊，因此也赢得了他们的爱戴。

用谦逊代替骄傲吧

别人的尊重和支持 不管男人女人，傲慢会给他们带来挫折，而谦逊却能使他们受到尊重。所罗门说：“心里谦卑的，必得尊荣。”所罗门所说的谦逊，是那种渗入到性格中的品质。那些打心底感到“谦卑”的人，会把别人放到与自己一样重要的地位上来。他们怀着感恩之心珍惜已经拥有的，他们把别人为自己付出的一切记在心里。所罗门说，对于真正谦逊的人来说，无论生活境遇是好是坏，都会获得别人的尊重和支持。

明妮·艾顿17岁的时候进入高校数学系学习。她智力超群，还有过目不忘的本事。然而，随着经济大萧条时代的到来，她十分无奈地辍了学，成了亚利桑那州一家公司的经理助理。她的老板就是这家公司的创始人，他们做的主要是小规模的信贷业务，她是公司雇佣的第5名员工。后来，这家公司发展成全美国最大的金融机构之一。在创业阶段，明妮不仅很好地完成了分内的工作，她还亲自参与公司每位经理的培训工作，向他们传授了数不清的技能和知识。她被称作亚利桑那州最精通储蓄和信贷业务的人。她还有个很好的声望，就是任何人都可以向她请教问题，她从来都是知无不言，言无不尽。她公司的首席执行官亲口告诉我，明妮毫无疑问是公司里最受尊重和爱戴的人。在她的葬礼上，有人告诉我："跟明妮在一起的时候，你会觉得自己是世上最重要的人；你能体会到她的关心，知道她肯定会帮助你。"在她的职业生涯后期，一位律师找到她说："如果你是男人的话，早在几年前他们可能就会让你担任副总裁了。"数不清的人对她说过这样的话。他又说，如果能代表她起诉公司的一些不公正待遇的话，他保证可以赢回几百万美元赔偿。这时候，她用这样的话婉言拒绝了他的提议："我为什么要起诉第一联邦储蓄银行（First Federal）？40年来，他们每两星期都会给我发工资，他们还给了我带薪假期和全家的医疗保险。"她就是我亲爱的妈妈，她的谦逊人所共知，她是27位侄子侄女最爱的姑姑，受到所有亲戚的喜爱。在她86年的人生里，荣耀一直追随着她。

智　慧　所罗门宣称："谦卑的人却有智慧。"越谦逊，越明智。骄傲的人自认为自己无所不知，而谦逊的人却重视别人的教导。他们像海绵吸水一样从碰到的每段经历和每个人那里吸取知识。

所罗门的谦逊箴言

一个人不可能同时既谦逊又骄傲。与其费劲拔除心中生出的骄傲，还不如在想问题和与他人交往过程中努力抱以谦逊的态度，这样做的效果可能会更好。

怀着感恩之心 从现在开始，多看看生活中积极的一面，多看看别人为你所做的一切，多看看你特别珍视的那些事情。将你珍视的事情列一个单子，按照重要性从上到下依次排列，单子越长越好。以我自己为例，我的单子上列的依次是：我对上帝的信仰、我的家庭、他们的健康、我的健康、我亲近的朋友、思维的条理性、谋生的能力、我的合伙人、我们事业的成功。在所有这些事情上，不可否认我付出了应尽的努力。然而，如果没有别人的付出，我一样不可能拥有这一切。在你自己的单子上，在每一项重要的事情旁边，写下在这件事情上曾经帮助过你的人的名字。当你看着这份名单，想着所有为你的生活作出贡献的人的时候，感激之情就会油然而生。感恩的心情会培养谦逊的品质。

多加留意和关注别人的需要 将更多的注意力放在如何帮助别人上。这样，你会更容易心怀感激和谦逊。为什么特雷莎修女如此谦逊？她并没有什么异于常人的奇异天赋，也没有说过什么流传后世的名言。她的谦逊源于她一生对别人的无私奉献。她的全部注意力都集中到如何帮助别人上了，因此她根本没有闲暇考虑自己还缺少什么东西。虽然你并不需要做到像她那样，至少你应当更加留意别人的需要，更加珍惜自己已经拥有的东西。

自负与懒惰 所罗门告诉我们：“懒惰人看自己，比7个善于应对的人更有智慧。”懒惰的人不干活，是因为他们觉得自己比干活的人更有本事。

骄傲与富人 所罗门告诉我们，财主自以为有智慧，就不再谦逊地看待问题。然而，聪明的穷人却意识到自己需要更多的智慧和判断力，于是更加积极地学习。

不要与自负的人为伍 所罗门说：“存谦卑之心与穷乏人在一起，胜过与骄傲人同分战利品。”我们不但要心存谦卑，还要与心存谦卑的人做朋友，不要与傲慢自负的人结交。

所罗门恐怕是整个世界和历史上最能深刻理解骄傲含义的人了。话虽如此，他在后半生却没能保持自己的智慧，反而沦落成了骄傲的奴隶。同样的经历可能发生在我们每一个人身上。我们必须时刻保持警惕，留神查看我们生活中是否有骄傲的迹象。在下面“智慧知识”的环节里，我给大家列出了一张清单，你可以根据它来进行阶段性的“骄傲指数测试”。你还要时常回顾那张列着所有帮助过你的人的清单，时常添加新的信息。就连史上最有智慧、金钱和权力的人都为骄傲所累，想想它能对你的生活产生什么样的影响吧。

智慧知识

1. 像我们在前文中讨论的那样，建立一个“感恩清单”，每天回顾它，并且时常要往里面添加新的内容。

2. 做做下面的“骄傲指数测试”，看看你的态度和行为反应究竟是谦逊还是骄傲？

骄傲指数测试

你是否：

1. 不顾或忽略别人的需要？

2. 遇到事情从来不会换位思考，只顾自己的感受和想法？

3. 在与同事、朋友或者家人的交往中，说得多，听得少？

4. 只是全神贯注地想着自己下一句话要说什么，从来没有注意别人可能想说些什么？

5. 仅以工作、头衔、收入或物质财富等来判断一个人成功与否？

6. 好与人争论？

7. 遇到问题或失败首先想到的是去责怪别人？

8. 拒不承认错误？

9. 对别人的观点和感受不感兴趣？

10. 自认为高人一等？

第 *14* 章

The Richest Man Who Ever Lived

智慧比黄金贵重

成为亿万富翁需要很高的智商吗？
如何才能把混日子剔除出你的生命？

得智慧胜过得金子；选择哲理，胜过选择银子。

——箴言 16:16

14

How nuch better is it to get wisdom than gold!
And to get understanding is to be chosen over silver.

——PROVERBS 16:16

成为亿万富翁，智慧比知识更重要

在古代，人们建房子通常不打地基。不过，人们最终为此付出了很大的代价。在正常的天气里，没有地基的建筑也能为人们遮阳避雨，然而一旦遇到强风暴雨，它们就很可能在瞬间被夷为平地。到了现代，没有一个建筑师会设计一栋没有地基的建筑。没有坚实的基础，整栋建筑就不可能经受住时间和风雨的考验。

我们的事业和人生同样也需要坚实的基础。话虽如此，大多数成年人仍然没有为自己的事业和人生打造一个牢固的基础。他们每天得过且过，从没想过为人生设计一个经过慎重考虑的计划。也许他们随身带着纸质的日志或者电子秘书，上面列着当天要做的事，然而这样的计划只能针对一天。一天一天过去，他们的计划也像风向标一样每天发生着变化。一旦生活发生巨大变故，他们立刻就会无所适从。这种慌乱的状态更容易使他们作出愚蠢的决定或者选择，有时甚至会导致毁灭性的后果。

不需要高智商也能有智慧

我的一位朋友曾经在 1976 年带领他的工程队设计并组装了当时世界上最先进的大型电脑。有一次，他向我夸耀这台电脑的许多过人之处，其中最让他自豪的一点就是，它每秒可以接收超过 10 亿字节的信息。于是我问他，如果它在接收信息的同时对这些信息进行处理，这样每秒它能接收和处理多少信息。听到这个问题，他愣了一下后回答："那样的话，就只有一个字节。"我又问他能不能设计一种电脑，可以同时接收并处理上亿字节的信息。他回答说："那是不可能的。"于是，我告诉他，人脑就可以做到。人的大脑能够同时接收和处理200万字节的信息，这还是只计算了人从一只眼睛那儿获得的信息量，如果再加上由人的其他4个感官获得的信息的数量，大脑同时接收和处理的信息量将达到几十亿字节，囊括了所有关于外界和身体内部器官和细胞的信息。存放大型电脑需要一整间房的空间，相比而言，人类自带的这台电脑简直就是一个微观模型，放在十几立方厘米的空间里就足够了。

我说这些的用意是，我们每个人都拥有一台世界上最先进的电脑。它具有我们大多数人都无法想象的潜力，它能帮助我们做出超乎想象的丰功伟绩。虽然我们每个人的大脑都有这样的功能，为了发挥它最大的潜力，我们必须为它编制合适的程序，才能使我们最大限度地获得成功和幸福。所罗门给我们建议的就是迄今为止最有效的人脑程序。他称之为"智慧"。

我们的智商，或者说未经开发的原始智力，在我们生下来的那一刻就已经决定了。不过，我们并不需要很高的智商或者必须在学术上有所成就才能获得智慧。为数不少的天才照样会做蠢事，而世界范围内，学术领域的泰斗们也未见得比平常人生活得更幸福。与这些人情况相反，世界上绝大多数成功人士（包括爱迪生、洛克菲勒、亨利·福特、克拉拉·巴顿、海伦·凯勒和奥普拉·温弗瑞）既不是学者也不是天才，然而在决定命运的重大转折点，他们都作出了明智的决定，这使他们由无名小卒转而一举成名，成为万众瞩目的明星。

获得了真正的智慧就等于为一生打下了坚实的基础，任何时候再遇到任何问题都能作出明智的决定。所罗门给出了具体步骤，来帮助我们获得智慧。然而我们不能被动地接受智慧，我们要积极地运用它，这样才可以使我们的一生充满非同一般的成功和幸福。

智慧与一般所说的知识有极大的不同。知识与智慧的差别就好像读一本关于亿万富翁的书与自己成为亿万富翁之间的差别一样。那么你究竟是想读一本描写亿万富翁的书，还是想自己成为亿万富翁呢？答案不言自明。获得知识代表的仅仅是获得了信息，现在我们生活在一个信息时代，我们一天所获得的信息有可能比我们祖辈一年获得的都多。但是获得了信息并不一定就能创造出成功、快乐或者持久的满足感。

知 识：信息的获得。
辨别力：对那些重要且具有实用性的真理的辨别与评价。
智 慧：在日常生活或者某些特定的场合中，对真理的实际运用。

辨别力指的是分辨信息是否真实有效的能力。辨别力的重点在于找出真理及其实用性。

智慧的含义要更深刻一些。它包含着最具价值的真理，并且它能够准确无误地将真理运用到具体的环境、场合或者日常生活中去。

得智慧胜过得金子

所罗门认为获得辨别力极为重要，不过他更加重视的是对智慧的运用。将人生建立在智慧的基础上会收到什么样的回报？下面他就列出了几条：

取之不尽的知识 所谓取之不尽是什么意思呢？想象一下，如果你在银行账户上存了数目巨大的一笔钱，无论你想买什么东西，无论价钱是多少，你只要开一张支票就可以从账户上提钱去买。所罗门说，有智慧的人就是把知识存到了这样一个取之不尽的“智慧账户”里。当他需要作出明智决定的时候，他都可以从这个账户上开取支票。无论他遇到什么样的麻烦，或者想抓住什么样的机会，他总是能从这里支取足够的知识去解决。愚蠢的人就没有这么一个账户。正如所罗门所说："智慧人积存知识，愚妄人的口招致毁灭。"

辨别出自己行事的原则 在你做了蠢事或者行事失常时，有没有经常质问自己"我究竟为什么那么做"或者"我当时在想什么啊"？如果你不能理解自己的行为，以后你还会重复犯同样的错误。然而一旦拥有了智慧，情况就不一样了。所罗门说："精明人的智慧能分辨自己的道路。"如果你能更清楚地理解自己的行为和天性特征，你就能根据形势作出最佳的选择，而不是全凭本能行事了。

生命的源泉 我还记得在美国历史课上学过，彭赛德里翁是第一个在佛罗里达州登陆的欧洲人。他到处寻找青春之泉。他当然不可能找到，因为世上根本没有这样的源泉。不过，所罗门给我们描绘出了另外一个更实用、更神奇的源泉，他称之为"生命的源泉"。他指的其实就是人的辨别力。辨别力就像泉水一样，不仅能够满足你最急迫的需要和欲望，还能给周围的人带去同样的生机。

权威者的赏识 当你还是孩子的时候，如果教练或者老师对你笑一笑，拍拍你的肩膀说："干得好！继续努力啊！"你心里就别提多高兴了。其实成年人也一样。我们都不希望让掌握权威的人对我们心生厌恶，无论那人是我们的伴侣、我们的老板还是一位警官。所罗门告诉我们，如果我们行事明智，就会得到他们的赏识。他还说："人因为自己的明慧必得称赞。"称赞不仅是口头上的表扬，还会有实际的奖励。在工作领域，那个奖励通常就是大大的红包或者加薪。

重视与尊重 根据加里·斯莫利博士的理论，男人最想要的就是得到别人的钦佩和尊敬。而所有人，包括男人和女人、男孩和女孩，他们都想得到别人的重视。所罗门告诉我们："智慧人必承受尊荣。"只要拥有智慧，肯定能得到别人的重视与尊重。

财　富 所罗门所说的财富不仅是指物质上的，也包括精神上的。物质财富可以根据有价证券、银行账户和私有财物来衡量，同样，我们也有一些参数可以衡量精神财富。譬如你个人经历的爱、满足、快乐、安宁和目标，还有你帮助别人达成的愿望等。然而，太多的人却为了追求物质财富而牺牲了精神财富。我相信，想要获得物质上的财富需要智慧，而想要获得精神上的财富，则需要更多的智慧。所罗门告诉我们，明智人既可以获得物质财富，也能获得精神财富。他说："智慧人的冠冕是他们的财富。"请留意，他把财富说成是智慧人的冠冕，而不是他们的心或者灵魂。而智慧人心里放的不是财富，而是他们的价值观，它反映的是真正的智慧及其带来的精神价值以及对轻重缓急的判断力。这位史上最富有的人充满自信地得出这样的结论："得智慧胜过得金子，选择哲理胜过选择银子。"

保障与安全 所罗门写道："明辨的能力必护卫你，聪明必看顾你；要救你脱离邪恶的道路，脱离说话乖谬的人。"智慧不仅可以在你身处危险境地的时候保护你，更重要的是，它还可以使你免受无耻之徒的伤害。那些人道德败坏、目的不纯，他们会赚取你的信任，然后攫取你毕生的积蓄；或者蒙蔽你的双眼，诱使你作出违反道德的决定。所罗门的意思是要我们获得一种识别力，它能使我们一眼看穿所有寡廉鲜耻的人。所罗门还说，这样的识别力、辨别力和智慧也会保护我们免受那些人的诱惑，避免让自己陷入危急境地。

长 寿 那些将人生建立在智慧基础上的人确实会更长寿。所罗门说，如果接受智慧，"这样，你就必延年益寿"。他又一次强调了知识和智慧的区别，让我再举一个例子说明这个问题。几乎每个人都知道，在车上不系安全带是在拿自己的生命开玩笑；尽管如此，每年死于交通事故的4.3万人中，有一半是因为没系安全带丢了性命。几乎每个人都清楚，吸烟会缩短寿命；然而每年还是有几十万美国人死于吸烟引起的各种疾病。因此有些知识仅仅知道是没用的，想要获得所罗门允诺的回报，你必须首先拥有智慧，并且坚持运用它。

 每天保持智慧进账

没有目标、成就和幸福的人生　所罗门说："偏离明慧之道的人，必住在阴魂群中。"这样的断言真是挺可怕的。他指的是那些犹如行尸走肉的人，他们生命中没有礼义廉耻，没有价值原则，虽然他们的身体还在呼吸，精神却早已死亡。因为他们的期望、梦想和道德标准都建立在稍纵即逝的虚幻之上，追逐短暂的幻影终将使他们逃脱不掉被生活的风暴席卷而毁灭的命运。或许，他们可以获得一时的快乐和满足，然而当幸运之神不再眷顾他们的时候，快乐和满足也会随之溜走。那时候，他们只能排队等候在心理咨询师或者整形医生的候诊室里。而以智慧为基础的人生永远不会没有目标、快乐或者价值原则。难道你想一辈子就这么"混日子"吗？所罗门说，没有真正智慧的支持，你就将面临着这样的命运。

貌似正确，实则后患无穷的决定　很多时候，我们自认为作出了正确的选择，最后却发现错得离谱。最近，住在我们社区的一位妇女开车带女儿去朋友家做客，却在路上被她的前男友开枪打死了，她的前男友随即也开枪自杀了。就在几年之前，当这个女人疯狂地爱着这个男人时，她相信嫁给他是一个正确的决定。尽管她对他暴躁的脾气已经有所察觉，但是她肯定没有想到有一天他那暴躁的脾气会爆发到她身上来，毕竟他也同样深爱着她。所罗门警告说："有一条路，人们以为是正路，走到尽头却是死亡之路。"没有智慧的帮助，我们就无法确定现在作出的决定是否经得起时间的考验，是正确一时还是会正确一世。

自欺欺人　"我哪儿做错了？""我什么都没做错。""别人都是这么做的。"根据一位交通警察的记录，当人们因为违反交通规则而被他拦下的时候，这是出现频率最高的三句话。他们真的相信自己是毫无过错的。所罗门说："人看自己一切所行，都是正直的。"然而，自欺

欺人的后果可能是毁灭性的。如果你没有将人生建立在智慧的基础上，那么你就可能沦为自欺欺人的受害者。对我来说，阿道夫·希特勒的自杀宣言就是说明这个道理的一个最极端的例子。他屠杀了几百万犹太人，使整个国家变成了一片废墟，就连首都也被埋在瓦砾之下。在“二战”结束的前夜，面对这一切因他犯下的罪过，他竟然以这样一句话开始了他的自杀宣言：“我将怀着快乐之心就死。”接着他又说，他知道他的国家有一天定会继续完成他开创的“事业”，而且“犹太人必须为战争承担所有的责任”。

我们每个人都曾经以某种方法、方式或形式欺骗过自己。为了避免自欺欺人，我们需要一个能够在道德上指引我们方向的指南针。而唯一能使我们洞察一切，指引我们找到正确的人生轨迹的指南针就是智慧。没有智慧的指引，我们会作出貌似正确实际错误的选择，最终要承受由此而来的失望和其他更糟的结果。

愚蠢的决定 所罗门把最强烈的鄙视留给了那些被他归类为愚蠢的人。虽然我们大家在人生的不同时期都作过愚蠢的决定，但是这并不能证明我们就是蠢人。所罗门认为，蠢人之所以愚蠢，关键在于，他们将人生建立在不明智的基础上。就像一栋大厦建造在沙子上，而不是建造在一个坚固的地基上。事实可以证明，泰·科布是有史以来最伟大的棒球手，在他的职业生涯中，他创造了90多个重要的联赛纪录。后来他通过一次成功的投资积聚了不少财富。然而最后却只有3个人参加了他的葬礼，甚至他的孩子们都没有去。这样一个成就卓著却得不到任何人爱戴与尊重的人是多么可悲啊。他究竟符不符合所罗门关于蠢人的定义，这一点我无从知晓，然而可以确定的是，他在一生中肯定做过许多愚蠢的选择。像所罗门所说：“义人的嘴唇培育多人，愚妄人因无知死亡。”

你身上有蠢人的标志吗

所罗门说，如果我们做了足够多的蠢事，我们就很可能变成真正的蠢人。他给我们指出了许多蠢人的特征，可以暴露他们的愚蠢本质。我在这里一一列举出来，希望以此作为警示。一旦你在生活中发现这些特征，你就应该尽你所能改变自己的思想和行为。我曾经作过许多愚蠢的选择，如果没有所罗门提供的这个指南针指引，我同样也会变成他笔下的蠢人之一。

闭目塞听　“念对白还用你教我？”当我作为一个电视广告的导演指导一位著名的电视演员排练时，他冲我喊了这么一句，把我给吓住了。我曾经执导过诸如查尔顿·赫斯顿(Charlton Heston)、米基·鲁尼、彻和简·方达等奥斯卡奖得主，还有其他 70 多名电视电影明星，从来没有遇到过像他这样的态度。就我本人来讲，我制作过几百部成功的电视广告，创造了几十亿美元的销售额。那次要拍的广告是由我亲自创作的，对白也是由我执笔的。怎样念台词才能达到说服观众的目的，只有我最清楚。然而由于那位知名演员就是不肯按照我的设计念台词，那个广告最后以失败告终。我们请来拍广告的众多明星单单从广告收入的分红上，每人就赚了不止几百万美元，而那位演员最后只拿到了几千美元的劳务费。他的骄傲蒙蔽了他的双眼，致使他作了一个愚蠢的决定。所罗门说：“但愚妄人藐视智慧和教训。”在我的一生中，我也曾经做过不听别人劝告的蠢事。所幸的是，所罗门的教导彻底改变了我对待别人建议的看法。明智的人，都会在他们人生重要的奋斗过程中主动寻求别人的建议并且给予它们足够的重视。

鲁莽行事　无论蠢人想到或者感受到什么，他们都会不假思索地说出来。所罗门说：“愚妄人的口招致毁灭。”不经大脑就说出的蠢话会使你丢掉工作、毁掉事业、分裂家庭。

重蹈覆辙　爱因斯坦曾经说过，愚蠢的定义就是重复地做同样的事，却期待出现不同的结果。所罗门以下面这个比喻来解释同一个道理："愚昧人一再重复他的愚妄，正像狗转过来，吃自己所吐的。"

屡教不改 所罗门说："你虽然用杵把愚妄人与碎谷一同捣在臼中，他的愚妄还是离不了他。"我们所有人都作过愚蠢的决定。如果我们的愚蠢决定遭到了权威者的否定或者生活本身的惩罚，我们多半会悔改，纠正自己的错误做法。然而蠢人就不会这样做。我曾经为这样一个人工作过。他的智商很高，却没用在正当的地方，他在一次诈骗活动中赚了几百万美元，为此他遭到了美国联邦贸易委员会（Federal Trade Commission，简称FTC）的起诉，并被送入了监狱。出狱之后他竟然不吸取教训，又在另一个完全不同的领域犯下另一起诈骗案。FTC再次起诉他，他再次进了监狱。这次出来之后，他开了一家新公司，然而这家公司最后还是被FTC查封了。那是15年前的事了，现在我早就失去了他的消息。几天前，我突然想起了这个人，然后用Google搜了一下他。他的名字出现在一起最近发生的全国性诈骗案中，他被认为是整个欺诈阴谋背后的主要策划者。在这起案子里，几千名妇女被骗走了积蓄，他再次遭到了起诉。这人绝对是我见过的头脑最聪明的人之一，然而，按照所罗门的定义，他同时也绝对是一个蠢人。

盲目自信 人们有时会作出一些貌似正确的决定，然而事实往往证明这些决定其实并不正确。每当这个时候，他们通常会用"当初感觉很对"来解释。我们都会基于情绪或者感觉作出某些决定，有时这样的选择会产生很好的效果。但是所罗门认为，如果一个人依赖感觉作为决策的首要依据，那么他或她就是一个蠢人。他写道："自恃聪明的，是愚昧人。"事实上，我们的情感经常会受到偏见的蒙蔽和欺骗，一旦我们再忽视或者拒绝他人的劝告，随自己的感觉行事，我们就无法做到"步步谨慎"。当然，我们在下定决心之前应该考虑到自己的感受，但是我们不应该把感情作为决策的唯一依据，因为这是自取毁灭。

自毁家园 家对于我们来说应该是一个安全的港湾。然而，对许多人来说，家并没有给他们带来安全感，相反，它更像是一个充满挫败、责备、争论，以及身体、言语和精神虐待的地方。所罗门说：“智慧妇人建立家室，愚妄妇人亲手拆毁。”每个人都想与伴侣和子女之间的关系温馨融洽。然而他们却做出许多蠢事，彼此折磨，最终导致婚姻的破裂和家庭的分崩离析。蠢人们因责备、怒火和不忠而妻离子散。与蠢人相反，明智的人尽己所能勉励和爱护他们的家人，将家庭建设成一个安全的港湾，使家的概念得到回归。

所罗门的智慧策略

我们怎样才能获得所罗门所说的那种智慧呢？所罗门给我们提出了几个具体步骤：

用挖掘宝藏一样的劲头来寻求智慧　宝藏深藏于地下。我们必须付出相对多的艰辛才有可能找到它们。所罗门告诉我们要以寻宝者的激情来追求智慧，要把它看作比真金或者其他宝物更加珍贵的东西。要不惜任何代价获得它。一旦得到它，还要始终给予它足够的重视，比对你的金钱或财产的重视程度还要大。用流行的话说，相对于银行账户或者证券投资，所罗门要求我们更加重视智慧，更加重视他提出的那些获得智慧的策略。

聆　听　一辈子做一个学习者。在任何场合里都要多问、少答。所罗门说：“智慧人听了，可以增长学问；聪明人听了，可以获得智谋。”智慧并不是我们与生俱来的，智慧必须从我们自身以外的地方学到。这一点与寻求别人的建议具有异曲同工之妙。

所罗门给了我们另外一条建议：“要听从你父亲的教训，不可离弃你母亲的训诲。”即便对现代人来说，这句话也绝对不过时。

在我十几岁的时候，围绕着去不去上高中开办的打字课的问题，我和父亲争执了好几天。我告诉他，打字是女孩子们干的事情，我要是也去上课会被人笑话的。他告诉我，他经常因为不会打字而在工作中感到很挫败，所以他坚持要我上一年打字课。最后，我们双方都作出了妥协。我答应去上打字课，不过如果我能在一个学期内，成为班上打字最快的学生，我就可以不用继续上课了。如果我达不到这个目标，我就必须接着上完第二个学期。结果，我只上了一个学期的打字课。时间虽短，但是那个学期的打字课却改变了我的一生。

在我学会打字之前，我写字的速度根本跟不上我的思路，即使我勉强写快一点，也没人能看懂我的笔迹（就连我自己也认不出）。然而如果我为了让笔迹整洁一些而刻意写慢一点的话，又常常会打断思路。打字改变了这种状况。我可以边想边写，脑子里想什么，手上就能同时打出什么。事实证明，我的整个事业都建立在最基本的打字能力上。在过去的30年间，我创作了成百上千的广告和电视节目。我的写作为我和我的合伙人创造了上亿美元的收入。更为重要的是，写作给我带来了极大的乐趣，尤其当我写的几本畅销书能将更大的成功和幸福带给我的读者时，我感到无比快乐。如果我小时候没有听父亲的话，坚持己见，没有去学打字，那么我肯定不会像现在这样喜爱写作。即便成年以后，我们也要认真对待父母提出的建议。因为世上没有人会比自己的父母更爱我们，更希望我们过得幸福了。

学习《箴言集》 所罗门说：“我儿，要留心听我的话，侧耳听我所说的。不可让它们离开你的眼睛，要谨记在你的心中。因为得到它们就是得到生命，整个人也得到医治。”所罗门确实相信，《箴言集》的字里行间流露出的智慧并不是出自他的思想，而是出自上帝的恩赐。他用整个《箴言集》1/5的篇幅，在开篇之初就提及了这一点。《箴言集》包含的智慧真是无与伦比。我们应该学习所罗门的《箴言集》，遵循他的建议。

接　受　给予我们生命之源的水和食物，浅尝辄止是不能延续我们的生命的。对待智慧也是同样的道理。仅仅意识到世上存在知识和明辨力，是不能增长我们的生存价值的。所罗门说："我儿你要听，并要接受我所说的。"想要使知识和明辨力上升为智慧，我们必须先接受它们，根据它们的要求改变我们自己。只有我们内心真正接受了它们，我们的态度和行为才会显现智慧的光辉。

所有的想法和愿景都要遵循智慧的格言　30多年前，加里·斯莫利博士用激将法让我答应，在两年时间里，每天晚上都要读一章箴言。我坚持这样做之后，效果非常神奇。

所罗门规劝你去做同一件事。他说："我儿，要谨守大智慧和明辨的态度，不可让它们离开你的眼目。这样，它们就必作你的生命，作你颈上的华饰。你就可以安然走路，你的脚必不致绊倒；你躺下的时候，必不会惊恐；你躺卧的时候，必睡得香甜。"接着他又说："你要坚守教训，不可放松；要谨守教训，因为那是你的生命。"

智慧知识

将格言转化为行动

1. 每天读一章箴言。同时准备好纸笔，记下你读箴言时获得的感悟，将其运用到你当天生活的计划中去。我将整个《箴言集》所提到的智慧一共分为46个类别，而我在本书中仅仅涉及了其中15类，由此可见，你能在《箴言集》中获得多少有用的东西。

2. 在学习《箴言集》的过程中，我强烈建议你使用一本当代译本。本书引用的箴言大部分摘自《新美国标准圣经》[*New American Standard Bible (NASB)*]和《新国际版圣经》[*New International Version (NIV)*]。

3. 大部分书都存在一个同样的弱点，尽管它们给读者提供了极好的观点和建议，却没有提及如何将这些观点和建议应用到现实生活中去。为了使读者将所罗门的生存规则真正运用到各自的日常生活中去，我准备了一些材料，你可以到我的网站：www.stevenkscott.com浏览我写的书、编辑的杂志。关于处理人际关系方面的技巧，我推荐你阅读加里·斯莫利博士的两本著作：《基因与人际关系》(*The DNA of Relationships*)和《现代伉俪谈心录》(*Making Love Last Forever*)。

特别感谢我卓越的编辑，罗杰·肖勒 (Roger Scholl)，

总编，道布尔迪 (Doubleday)。

与你们的合作非常愉快，你们是最棒的！

最深的谢意还要献给我杰出的写作顾问们，

迈克尔·布鲁萨德 (Michacl Broussard) 和简·米勒 (Jan Miller)。

感谢你们一直以来的鼓励以及对这本书的支持。

作　者：〔美〕帕特·多尔西
定　价：29.80元

投资者只知其名却不知其庐山真面目的巴菲特选股法则——投资护城河

巴菲特说，他认定可口可乐、美国捷运、吉列有宽阔的经济护城河，所以他长期持有并收益超群。但巴菲特一直没说，到底怎样发现护城河。

谁能找到拥有宽阔护城河的企业，谁就能获得股市长久高收益。

世界顶级评级机构晨星公司以卓越、独立的评级方法闻名全球，作为公司股票分析部主管，帕特·多尔西不仅坚持价值投资理念，更为广大投资者提供了实用而丰富的投资指南。

在推出广受专业投资者好评的《股市真规则》之后，这一次，他又首创性地对巴菲特的“经济护城河”理论进行了系统性阐述，并且配合大量实际选股案例进行分析。

我相信，有了《巴菲特的护城河》，我们就更有可能作出充满智慧的投资决策。我希望你喜欢这本书，当然，更希望你的投资之路一帆风顺！

——乔·曼斯威托
晨星公司创始人、董事会主席兼 CEO

作　者：〔美〕菲利普·A．费雪
定　价：32.00元

股市投资致富之道
投资大师费雪教你怎样炒股

巴菲特师从格雷厄姆和费雪，他成为了世界第一投资大师；肯尼斯·费雪子承父业，成为了世界第二投资大师。

本书是老费雪经典名著《怎样选择成长股》的姊妹篇，对于《怎样选择成长股》所提出的很多重要投资理念，本书在深度和广度上均有所突破，可以说是其投资的实践篇或投资的实践指南。

该书试图解决两个问题。首先，投资者应如何确定一家公司是否具有卓尔不凡的管理层，它能否通过有效的管理为投资者创造能实现市值长期高速增长的投资工具；其次，对于这家非同寻常的公司，投资者应怎样掌握股票的最佳购进和抛售时机。

书中生动且经典的案例比比皆是，作者的分析精辟透彻，既不乏专业性又不失趣味性，令人拍案叫绝。费雪对通货膨胀的分析极具前瞻性和预见性，就连弗里德曼也为书中令人难以置信的精辟分析所动容。即使在今天，这些观点和建议也依然不乏生命力，必定会让你叹服。

费雪绝对无愧于“教父级的投资大师”这一称号。

深邃的智慧、前瞻的理论，长达 80 年家族成功投资史的秘诀所在。

作　者：〔美〕史蒂芬·列维特
史蒂芬·都伯纳

定　价：32.00元

唱响经济学领域的"披着羊皮的狼"

揭露隐藏在表象之下的真实世界
彻底改变你看待这个世界的方式

该书2005年4月在美国上市，仅1个月就荣登《纽约时报》畅销书排行榜。

曾连续8周占据《纽约时报》畅销书排行榜第2名位置。

在美国上市2个月后，销售量突破20万册。

被《纽约时报》评为"2005年度100本最有影响力图书"之一。

从2005年4月上市至今一直占据亚马逊畅销书排行榜前列。

该书中文简体版2006年年初上市，引起强烈反响：

被《中国图书商报》评为"2006年十大财经图书之一"；

荣获《财经文摘》"2006年财经图书——独辟蹊径奖"；

荣登《中国证券报》"2006年经管类畅销书排行榜"；

被《新京报》评为"2006年度商书"；

2006年年底，荣获"新浪网友心目中最佳财经图书——独辟蹊径奖"；

当当网2006年经管类图书销售排行榜第2位；

至2007年4月，蔚蓝网经管类图书销售排行榜第1位。

作　者：〔美〕约翰·珀金斯

定　价：38.00元

现实版的《007》其实一直都在上演

揭露世界重大历史事件背后深藏的内幕
揭露全球化经济运作的潜规则和阴暗面

这是一本约翰·珀金斯花了20多年写成的自白书；

这是一本约翰·珀金斯在遭到生命威胁和贿赂利诱下仍旧坚持完成的自白书；

这是一本媲美《华氏911》电影，并让美国政界、商界、金融界震惊的自白书；

这是一本让美国主流媒体刻意回避和保持沉默但仍旧可以达到空前畅销的自白书。

揭露美国全球经济援助背后的真实企图。

经济杀手通过伪造财政报告、操纵选举、贿赂、敲诈、色诱乃至谋杀等手段，拉拢、腐蚀和控制他国的政治与经济精英，从而控制这些国家的经济命脉和自然资源。

短信查询正版图书及中奖办法

A. 电话查询

1. 揭开防伪标签获取密码，用手机或座机拨打4006608315；
2. 听到语音提示后，输入标识物上的20位密码；
3. 语言提示：您所购买的产品是中资海派商务管理(深圳)有限公司出品的正版图书。

B. 手机短信查询方法(移动收费0.2元/次，联通收费0.3元/次)

1. 揭开防伪标签，露出标签下20位密码，输入标识物上的20位密码，确认发送；
2. 发送至958879(8)08，得到版权信息。

C. 互联网查询方法

1. 揭开防伪标签，露出标签下20位密码；
2. 登录www.Nb315.com；
3. 进入“查询服务”“防伪标查询”；
4. 输入20位密码，得到版权信息。

中奖者请将20位密码以及中奖人姓名、身份证号码、电话、收件人地址和邮编E-mail至szmiss@126.com，或传真至0755-25970309。

一等奖：168.00元人民币(现金)；
二等奖：图书一册；
三等奖：本公司图书6折优惠邮购资格。
再次谢谢您惠顾本公司产品。本活动解释权归本公司所有。

读者服务信箱

感谢的话

谢谢您购买本书！顺便提醒您如何使用ihappy书系：

- ◆ 全书先看一遍，对全书的内容留下概念 。
- ◆ 再看第二遍，用寻宝的方式，选择您关心的章节仔细地阅读，将“法宝”谨记于心。
- ◆ 将书中的方法与您现有的工作、生活作比较，再融合您的经验，理出您最适用的方法。
- ◆ 新方法的导入使用要有决心，事先做好计划及准备。
- ◆ 经常查阅本书，并与您的生活、工作相结合，自然有机会成为一个“成功者”。

<table>
<tr><td rowspan="8">优惠订购</td><td colspan="2">订阅人</td><td></td><td>部门</td><td></td><td>单位名称</td><td></td></tr>
<tr><td colspan="2">地址</td><td colspan="5"></td></tr>
<tr><td colspan="2">电话</td><td colspan="3"></td><td>传真</td><td></td></tr>
<tr><td colspan="2">电子邮箱</td><td></td><td>公司网址</td><td></td><td>邮编</td><td></td></tr>
<tr><td>订购书目</td><td colspan="6"></td></tr>
<tr><td rowspan="2">付款方式</td><td>邮局汇款</td><td colspan="5">中资海派商务管理(深圳)有限公司
中国深圳银湖路中国脑库A栋四楼　邮编：518029</td></tr>
<tr><td>银行电汇或转账</td><td colspan="5">户　名：中资海派商务管理(深圳)有限公司
开户行：招行深圳科苑支行
账　号：81 5781 4257 1000 1
交行太平洋卡户名：桂林　卡号：6014 2836 3110 4770 8</td></tr>
<tr><td>附注</td><td colspan="6">1. 请将订阅单连同汇款单影印件传真或邮寄，以凭办理。
2. 订阅单请用正楷填写清楚，以便以最快方式送达。
3. 咨询热线：0755-25970306转158、168　传　真：0755-25970309
E-mail: szmiss@126.com</td></tr>
</table>

→利用本订购单订购一律享受9折特价优惠。

→团购30本以上8.5折优惠。